DESIGN THINKING

INOVAÇÃO COM PROPÓSITO

O GEN | Grupo Editorial Nacional – maior plataforma editorial brasileira no segmento científico, técnico e profissional – publica conteúdos nas áreas de ciências sociais aplicadas, exatas, humanas, jurídicas e da saúde, além de prover serviços direcionados à educação continuada e à preparação para concursos.

As editoras que integram o GEN, das mais respeitadas no mercado editorial, construíram catálogos inigualáveis, com obras decisivas para a formação acadêmica e o aperfeiçoamento de várias gerações de profissionais e estudantes, tendo se tornado sinônimo de qualidade e seriedade.

A missão do GEN e dos núcleos de conteúdo que o compõem é prover a melhor informação científica e distribuí-la de maneira flexível e conveniente, a preços justos, gerando benefícios e servindo a autores, docentes, livreiros, funcionários, colaboradores e acionistas.

Nosso comportamento ético incondicional e nossa responsabilidade social e ambiental são reforçados pela natureza educacional de nossa atividade e dão sustentabilidade ao crescimento contínuo e à rentabilidade do grupo.

CAROLINA **CAVALCANTI**
ANDREA **FILATRO**

DESIGN THINKING

INOVAÇÃO COM PROPÓSITO

2ª EDIÇÃO
REVISTA E ATUALIZADA

gen | atlas

- As autoras deste livro e a editora empenharam seus melhores esforços para assegurar que as informações e os procedimentos apresentados no texto estejam em acordo com os padrões aceitos à época da publicação, *e todos os dados foram atualizados pelas autoras até a data de fechamento do livro*. Entretanto, tendo em conta a evolução das ciências, as atualizações legislativas, as mudanças regulamentares governamentais e o constante fluxo de novas informações sobre os temas que constam do livro, recomendamos enfaticamente que os leitores consultem sempre outras fontes fidedignas, de modo a se certificarem de que as informações contidas no texto estão corretas e de que não houve alterações nas recomendações ou na legislação regulamentadora.
- Data do fechamento do livro: 02/10/2025
- As autoras e a editora se empenharam para citar adequadamente e dar o devido crédito a todos os detentores de direitos autorais de qualquer material utilizado neste livro, dispondo-se a possíveis acertos posteriores caso, inadvertida e involuntariamente, a identificação de algum deles tenha sido omitida.
- **Atendimento ao cliente: (11) 5080-0751 | faleconosco@grupogen.com.br**

Publicado pelo selo **Atlas**
Uma editora integrante do GEN | Grupo Editorial Nacional
Travessa do Ouvidor, 11
Rio de Janeiro – RJ – 20040-040
www.grupogen.com.br

- Capa: Leônidas Leite
- Imagem de capa: ©iStockphoto/mspoint
- Editoração eletrônica: OFÁ Design
- Ficha catalográfica

CIP-BRASIL. CATALOGAÇÃO NA PUBLICAÇÃO
SINDICATO NACIONAL DOS EDITORES DE LIVROS, RJ

C365d
2. ed.

Cavalcanti, Carolina
Design thinking : inovação com propósito / Carolina Cavalcanti, Andrea Filatro - [2. ed, rev. e atual.] - Barueri [SP] : Atlas, 2026.

Apêndice
Inclui bibliografia e índice
ISBN 978-85-7144-230-6

1. Design thinking. 2. Gestão do conhecimento. 3. Design - Aspectos sociais. 4. Desenvolvimento organizacional. I. Filatro, Andrea. II. Título.

25-100490.1 CDD: 658.4063
CDU: 005.94

Gabriela Faray Ferreira Lopes - Bibliotecária - CRB-7/6643

SOBRE AS AUTORAS

CAROLINA CAVALCANTI

é doutora em Educação (com concentração em Psicologia) pela Universidade de São Paulo (USP), mestra em Tecnologias Educacionais pelo Instituto Tecnológico e de Estudos Superiores de Monterrey (ITESM, México), jornalista pela Southwestern Adventist University (SWAU, EUA) e pedagoga pela Universidade Santo Amaro (UNISA, SP). É Professora Associada Core Faculty na Fundação Dom Cabral, em que faz parte da equipe da Gerência de Educação e Inovação. Há seis anos é coordenadora técnica do Projeto de Geração de Valor do Programa de Desenvolvimento de Executivos (PDE), apoiando grupos de líderes organizacionais que atuam em empresas de vários setores, no desenvolvimento de projetos de alto impacto pelo uso do design thinking (DT). Atua em Educação há quase 25 anos e em 2018 fundou a Consultoria Genoa Learn Lab: especialistas em Inovação e Aprendizagem com propósito. É autora dos livros Realizados: *aprenda a viver com felicidade e propósito* (Saraiva, 2024), *Aprendizagem socioemocional com metodologias ativas: um guia para educadores* (Saraiva, 2022), *Metodologias inov-ativas na educação* (Saraiva, 2018) e *Design thinking na educação presencial, a distância e corporativa* (Saraiva, 2017). Fala sobre DT, construção de propósito de vida, felicidade, criatividade, inovação com propósito, design de experiências de aprendizagem, aprendizagem socioemocional e saúde mental nas organizações.

ANDREA FILATRO

é pedagoga, mestra e doutora pela Faculdade de Educação da Universidade de São Paulo (FEUSP). Pós-doutora pela Pontifícia Universidade Católica de São Paulo (PUC-SP), atua como palestrante e consultora em educação online nos setores acadêmico e corporativo, incluindo o Banco Interamericano de Desenvolvimento (BID). Professora convidada na pós-graduação em Gestão da Educação Corporativa na Fundação Instituto de Administração (FIA), é autora dos livros *Design instrucional contextualizado* (Senac São Paulo, 2004), *Design instrucional na prática* (Pearson Education, 2008), *Produção de conteúdos educacionais* (Saraiva, 2015), *Práticas inovadoras em educação* (Senac São Paulo, 2016), *Design thinking na educação presencial, a distância e corporativa* (Saraiva, 2017), *Como preparar conteúdos para EAD* (Saraiva, 2018), *Learning Analytics* (Senac São Paulo, 2018), *DI 4.0: inovação na educação corporativa* (Saraiva, 2019), *Novos Produtos e Serviços na Educação 5.0* (Artesanato, 2021), *Data science na educação* (Saraiva, 2021), *Metodologias inov-ativas na educação* (Saraiva, 2023), *Design instrucional para professores* (Senac São Paulo, 2023) e *Transformação digital na educação* (Saraiva, 2024).

APRESENTAÇÃO

Ao escrever este livro, nosso objetivo foi proporcionar a você, leitor, uma compreensão global do design thinking (DT), enfatizando os aspectos práticos de sua abordagem, sem descuidar, contudo, do merecido lastro teórico.

Este não é um livro acadêmico, embora a ideia de sua concepção tenha ocorrido durante a elaboração de uma tese de doutorado sobre as contribuições do design thinking em ambientes de aprendizagem, defendida na Faculdade de Educação da Universidade de São Paulo,[1] e tenha amadurecido em longas conversas entre nós, autoras, a respeito da aplicação da abordagem no campo da educação. Mesmo bebendo em diversas fontes da literatura e da prática em DT, quisemos uma produção autoral, com redação inédita e aplicável a realidades organizacionais, instituições de ensino, governos e ONGs.

Por essa razão, na introdução ao livro nos empenhamos em extrair das várias perspectivas em voga o que compõe o chamado "pensamento de design", numa livre tradução da expressão design thinking. Foi nessa fase que encontramos a essência da abordagem, algo que vem sendo construído historicamente na área de design, independe de modismos e ganha enorme força e prestígio com a disseminação do design thinking tal como defendido no Hasso Plattner Institute of Design at Stanford, conhecido como d.school, da Universidade Stanford (EUA), e por Tim Brown, presidente da empresa de inovação Ideo, que exploramos no primeiro capítulo.

No segundo capítulo, organizamos as contribuições das principais vertentes do DT em três grandes aplicações que geralmente estimulam uma equipe a adotar a perspectiva: como abordagem de inovação, como metodologia para solução de problemas e como metodologia criativa de aprendizagem. Esperamos assim cobrir minimamente os principais usos do DT em contextos diversos.

---

1. CAVALCANTI, Carolina Magalhães Costa. *Contribuições do design thinking para a concepção de interfaces de ambientes virtuais de aprendizagem centradas no ser humano.* 2015. Tese (Doutorado em Educação) – Faculdade de Educação, Universidade de São Paulo, São Paulo, 2015.

AS TRÊS GRANDES APLICAÇÕES QUE GERALMENTE ESTIMULAM EQUIPES A ADOTAR A PERSPECTIVA DE DT SÃO: ABORDAGEM DE INOVAÇÃO, SOLUÇÃO DE PROBLEMAS E METODOLOGIA CRIATIVA DE APRENDIZAGEM

O terceiro capítulo trata das pessoas que fazem o DT. Exploramos o fator humano, esclarecendo atividades e papéis dos vários envolvidos na aplicação dessa abordagem.

No quarto capítulo, você encontrará uma descrição do processo de DT que adaptamos, inspirada nas vertentes apresentadas neste livro, para ser adotada em realidades e ambientes múltiplos (com e sem o uso de tecnologias).

No quinto e último capítulo, disponibilizamos estratégias[2] que podem ser adotadas para colocar em prática o DT. Organizadas em etapas, são apresentadas, por exemplo: **Definição de desafio estratégico**, **Entrevista empática**, ***Persona***, ***Brainstorming***, **Escolha das melhores ideias**, **Prototipagem empática**, **Matriz de *feedback***, **Plano de implementação** entre outras. Essas estratégias foram cuidadosamente adaptadas para aplicação em organizações, escolas e governos, gerando um olhar mais humano e apurado de desafios reais.

Por fim, mas não menos importante, abordamos no apêndice duas temáticas que foram aprofundadas nesta nova edição do livro: propósito e transformação digital. Tanto no que se refere a uma visão expandida do DT para abarcar questões sociais e ambientais mais amplas, quanto no emprego de tecnologias de segunda onda para turbinar as etapas do processo, a busca é por ressaltar a relevância dessa abordagem na contemporaneidade.

No decorrer da leitura, o leitor mais atento perceberá que alguns termos próprios da linguagem original do DT, muitos deles em inglês, foram substituídos ou aparecem acompanhados por expressões em português. É o caso, por exemplo, do conceito *mindset* ("mentalidade", "modo de pensar", "atitude"), tão caro aos especialistas em DT, mas de difícil tradução nos vários contextos em que é empregado. Em casos nos quais há nas publicações em português diferentes traduções para o termo original (por exemplo, ideação e idealização em referência a *ideation*), optamos por aquela que nos pareceu de mais rápido entendimento, descomplicando a apropriação dos conceitos como um todo.

No glossário, ao final do livro, você poderá localizar alguns desses termos, com a respectiva "chave" de tradução.

AS ESTRATÉGIAS DE DT APRESENTADAS NESTE LIVRO FORAM CUIDADOSAMENTE ADAPTADAS PARA APLICAÇÃO EM ORGANIZAÇÕES, ESCOLAS E GOVERNOS, GERANDO UM OLHAR MAIS HUMANO E APURADO DE DESAFIOS REAIS

2. As estratégias de DT estão presentes em todo o livro. As mencionadas aqui são descritas com detalhes no Capítulo 5.

PREFÁCIO À SEGUNDA EDIÇÃO

Todos os dias nos deparamos com desafios e problemas complexos que impactam nossa rotina, negócios, saúde e relações. Eventos imprevisíveis como epidemias, desastres ambientais e guerras geram instabilidades socioeconômicas que afetam regiões inteiras e roubam das pessoas muito do que construíram ao longo da vida.

Questões globais, alinhadas com os Objetivos de Desenvolvimento Sustentável (ODS) propostos pela Organização das Nações Unidas (ONU) na Agenda 2030, como erradicação da pobreza, educação de qualidade para todos, igualdade de gênero, paz e justiça, combate às alterações climáticas, trabalho digno e crescimento econômico, inovação e infraestrutura, têm sido alvos de iniciativas e projetos ao redor do mundo.

Nos últimos anos, esses temas contemporâneos, que impactam nossa realidade local e global, têm sido trabalhados intencionalmente em escolas e universidades, com o objetivo de formar uma nova geração de crianças, jovens e profissionais mais preparados para lidar com os desafios atuais.

Além disso, a sociedade tem exigido de governos e organizações a adoção de medidas relacionadas a cuidados com o meio ambiente, aspectos sociais e de governança (ESG, do inglês *Environmental, Social and Governance*). Há uma forte preocupação com a formação de lideranças mais conscientes de seu papel e preparadas para lidar com questões relevantes visando ao bem comum, conduzindo seus times na criação de soluções que usem recursos humanos, digitais e materiais de modo intencional, sustentável e consciente.

Nesse cenário desafiador, presenciamos também uma aceleração tecnológica sem precedentes impulsionada por avanços revolucionários como Inteligência Artificial (IA), Big Data Analytics, Internet das Coisas (IoT), realidade aumentada e virtual, prototipagem 3D e simulação digital, entre outros. Nesse cenário de intensa transformação digital, a pergunta que vem à tona é: o design thinking (DT) continua relevante?

A resposta reside em sua capacidade de manter o elemento humano no centro. Enquanto a analítica de dados e a IA lidam com informações em larga escala, o DT permite compreender profundamente os desafios das pessoas e criar soluções que atendam às suas necessidades reais. Ele também nos ajuda a lidar com questões éticas, como privacidade e preconceito, garantindo uma implementação responsável e justa.

Este livro, em sua segunda edição, revisita e expande o papel do DT como catalisador de mudanças significativas em uma realidade permeada pela transformação digital. Mais do que uma metodologia para resolução de problemas, o DT se reafirma como uma filosofia que coloca o ser humano no centro do processo criativo, impulsionando a criação de propósitos individuais e coletivos, assim como a construção de soluções inovadoras, sustentáveis e éticas.

Ao explorar as páginas deste livro, você será guiado por uma jornada que equilibra inovação tecnológica e propósito humano. Por meio de casos práticos, reflexões teóricas e estratégias aplicáveis, nosso objetivo é inspirar e capacitar você a enfrentar os desafios contemporâneos com empatia, criatividade e responsabilidade. Convidamos você a mergulhar nesse conteúdo, descobrir o poder transformador do DT e contribuir para a construção de um futuro mais justo e sustentável. Excelente leitura!

Material Suplementar

Este livro conta com os seguintes materiais suplementares:

- Seis formulários e duas figuras do Capítulo 5.

Para acessá-los, é necessário ter um leitor de QR Code instalado no *smartphone* ou *tablet* e posicionar a câmera sobre o código.

O USO DO DESIGN THINKING

NADA PODE SER DESENVOLVIDO OU CRIADO SEM QUE SEJAM OBSERVADAS TRÊS RESTRIÇÕES BÁSICAS:

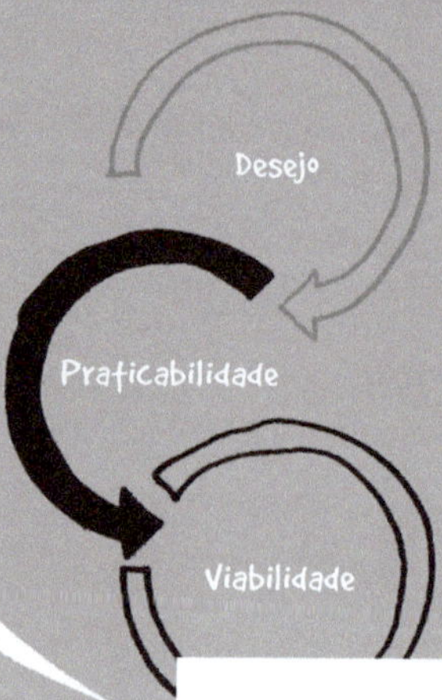

O MODO DE PENSAR E AGIR A SER ADOTADO AO LONGO DO PROCESSO DE DESENVOLVIMENTO DE UM PRODUTO, SERVIÇO, PROCESSO, ESTRATÉGIA EDUCACIONAL INCLUI:

- empatia perante os problemas e desafios enfrentados pelas pessoas envolvidas (professores, alunos, gestores etc.) no contexto analisado
- geração cega (sem juízo de valor) de grande quantidade de ideias
- interação no contexto a partir de um processo de cocriação
- experimentação de ideias por meio da prototipagem rápida a custos administráveis
- implantação da melhor opção

OS PARTICIPANTES DE UMA EQUIPE DE DT PODEM SER CONSIDERADOS PESSOAS EM FORMA DE T POR SUA CAPACIDADE DE TRABALHAR INTERDISCIPLINARMENTE:

Amplitude da competência interdisciplinar

Profundidade da especialização disciplinar

Fonte: inspirado em IDEO, 2009; BROWN, 2010; D.SCHOOL, 2011.

DESIGN THINKING PARA INOVAR COM PROPÓSITO PRESSUPÕE QUE...

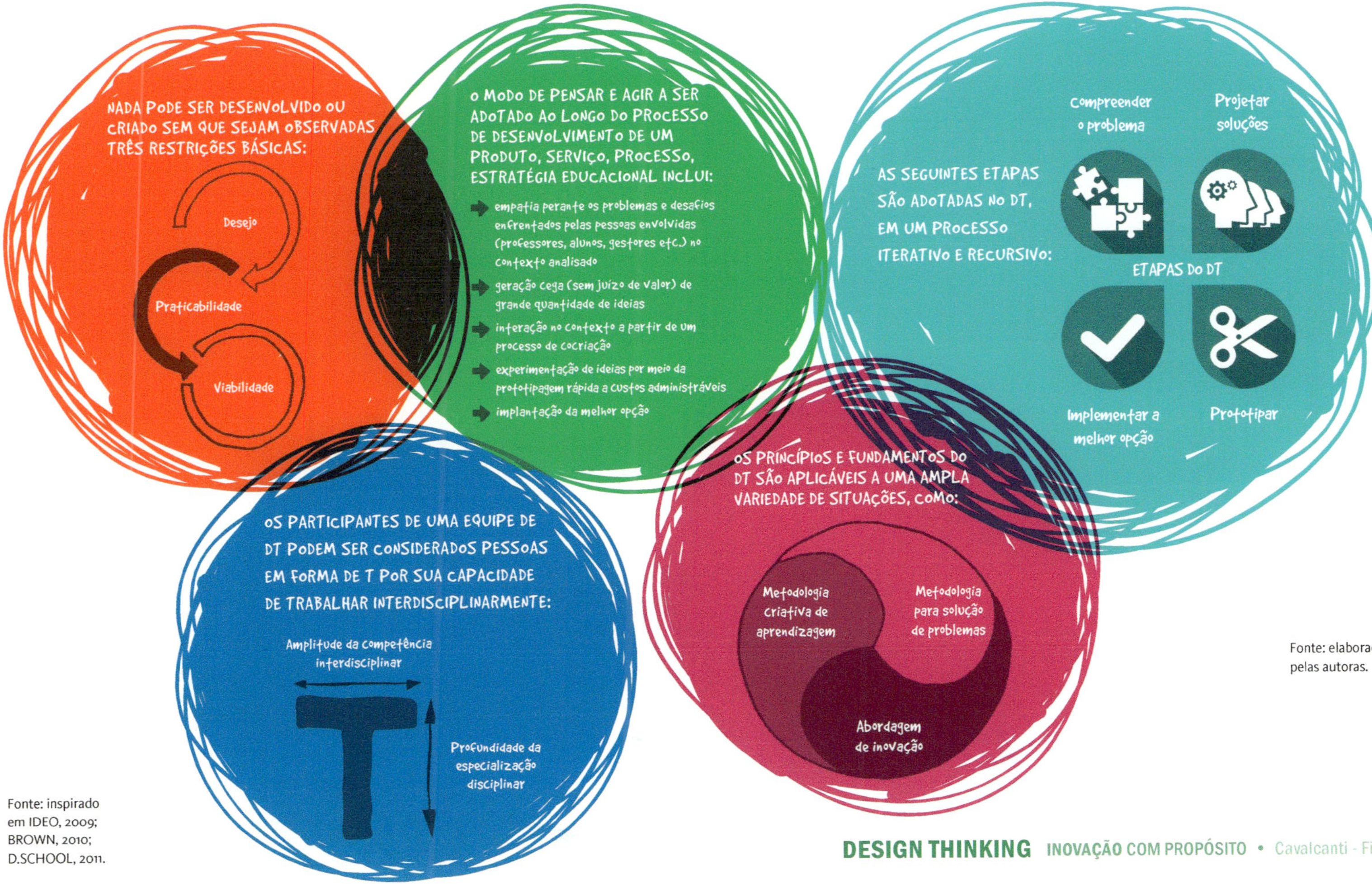

Fonte: inspirado em IDEO, 2009; BROWN, 2010; D.SCHOOL, 2011.

Fonte: elaborado pelas autoras.

EM EDUCAÇÃO PRESSUPÕE QUE...

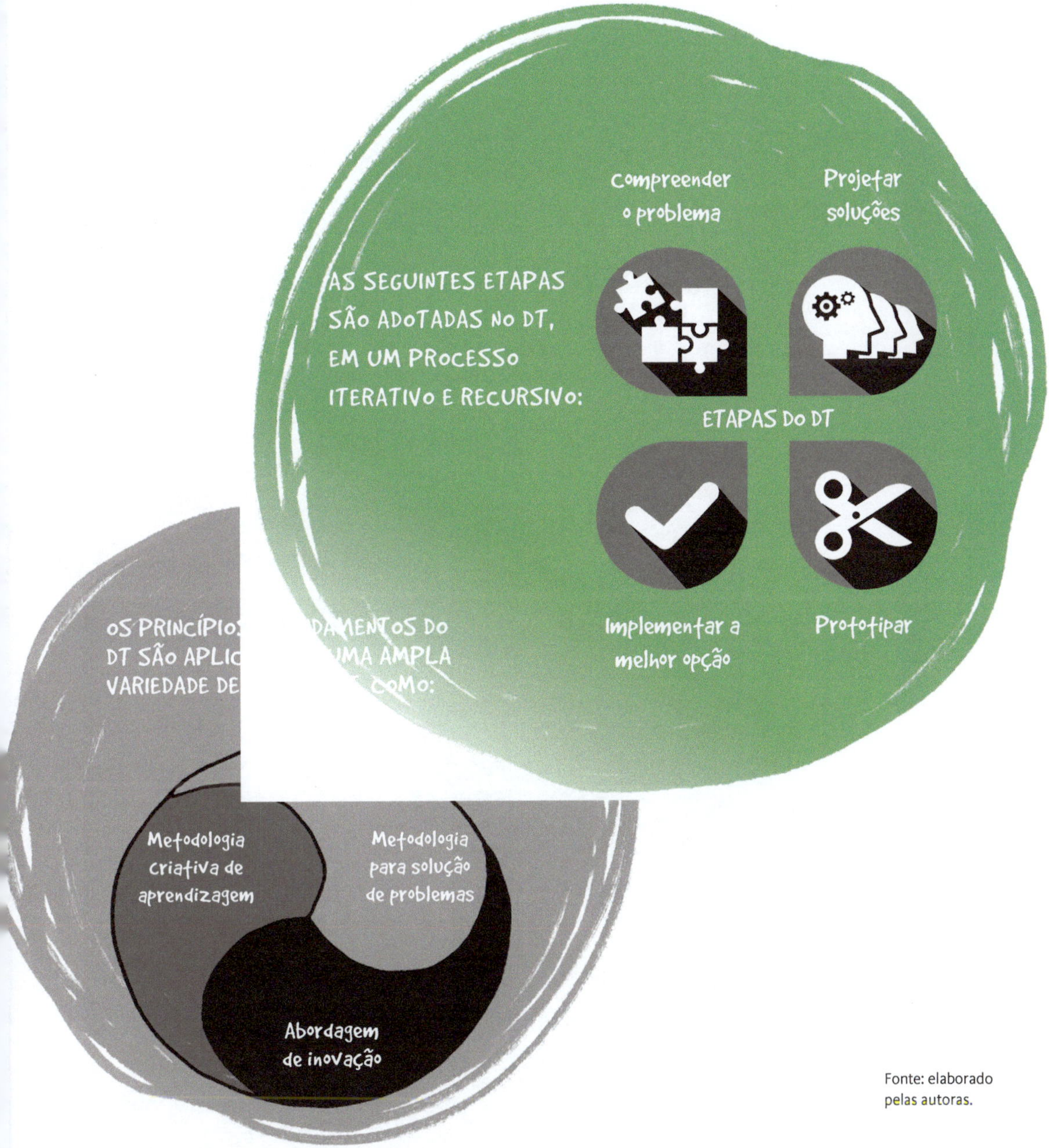

Fonte: elaborado pelas autoras.

SUMÁRIO

INTRODUÇÃO

O design thinking (DT), como vem sendo abordado na pesquisa e na prática, é para alguns uma abordagem, para outros uma metodologia, e ainda há os que o consideram somente um conjunto de técnicas claramente definido. Apresenta um histórico próprio de evolução, um vocabulário particular, autores dedicados, enfim, um *framework* completo e delimitado que apresentaremos no decorrer deste livro.

No entanto, em termos gerais e a bem da compreensão dos não iniciados, emerge um questionamento essencial, principalmente quando traduzimos a expressão para nossa língua: Existe um "pensamento de design"? Se existe, no que ele consiste? É a essa indagação que pretendemos responder inicialmente, para então situar o que a abordagem de design thinking chama de *mindsets* (mentalidade ou atitudes características dos design thinkers), dos quais derivam processos e ferramentas, com toda a sua exuberância prática.

CONCEITO DE DESIGN

Originalmente (1588),[1] o vocábulo inglês *design* significa "intenção, propósito, arranjo de elementos em um dado padrão artístico", vindo do latim *designare*, "marcar, indicar", por meio do francês *désigner*, "designar, desenhar".

Mas a história do design como campo de conhecimento e prática remonta à Revolução Industrial, quando o termo surgiu na esteira do novo modelo de produção que se impunha. Na verdade, antes da mecanização industrial, o artesão, conforme suas particularidades físicas, geográficas e históricas, projetava e ao mesmo tempo construía os bens que produzia, que em geral eram utilizados por ele próprio ou por usuários bastante próximos.

ORIGINALMENTE, O VOCÁBULO INGLÊS DESIGN SIGNIFICA "INTENÇÃO, PROPÓSITO, ARRANJO DE ELEMENTOS EM UM DADO PADRÃO ARTÍSTICO", VINDO DO LATIM DESIGNARE, "MARCAR, INDICAR", POR MEIO DO FRANCÊS DÉSIGNER, "DESIGNAR, DESENHAR"

As demandas por mecanização e por divisão do trabalho, contudo, tornaram necessário estabelecer padrões para que esses bens pudessem ser produzidos em escala industrial. Também foi preciso dar forma a esses produtos, de modo que eles pudessem ser

1. O conceito de design é mencionado pela primeira vez na edição de 1588 do *Oxford English Dictionary* como "um plano ou esboço concebido para algo que se há de realizar" (BÜRDEK, 1999, p. 15).

comercializados no mercado de massa, composto de consumidores na maioria das vezes desconhecidos.

Dessa maneira, a concepção moderna do design se transformou em uma poderosa ferramenta de produção, dominada por especialistas reconhecidos por sua capacidade de projetar artefatos industriais – a princípio, físicos e analógicos, mas, posteriormente, também culturais, digitais e virtuais.

No começo dos anos 2000, a empresa norte-americana Ideo, localizada no Vale do Silício, passou a utilizar uma abordagem nomeada como design thinking para inovar; logo depois, começou a disseminar os resultados obtidos na criação de produtos, serviços e processos inovadores. Não demorou muito para que outras organizações e instituições educacionais começassem a adotar esse conceito para a solução de problemas complexos e a geração de inovações.

Design como modo de pensar

Uma das características distintivas dos designers – sejam designers industriais, gráficos, instrucionais etc. – é que eles pensam de maneira diferente de outros especialistas. Bull e Tovey[2] chamam isso de *designerly way of knowing* ("modo de pensar dos designers").

Na verdade, assegurar a existência desse "pensamento de design" e identificar suas características vêm sendo objeto de atenção de vários pesquisadores e praticantes da área de design thinking, foco principal deste livro, tanto que para algumas pessoas o DT surgiu exatamente desse esforço de compreender como os profissionais de design pensam.

A noção de design como um modo de pensar tem sua origem traçada a partir de 1969, nas ciências, no livro *The sciences of the artificial*, de Herbert A. Simon,[3] no qual o autor conceitua design como tudo o que tenha sido planejado ou interferido pelo ser humano.

Nesse sentido, podemos apontar o pensamento integrado como marca distintiva do modo de pensar dos designers, um método que integra:

- pensamento divergente e pensamento convergente;
- pensamentos dedutivo, indutivo e abdutivo;
- pensamento materializado e pensamento experimental;
- pensamento individual e pensamento colaborativo.

---

2. BULL, K. L.; TOVEY, M. Visual creativity and the threshold of uncertainty in product and automotive design. DRS 2010 – DESIGN AND COMPLEXITY, Montreal, July 2010.
3. SIMON, H. A. *The sciences of the artificial*. Massachusetts: MIT Press, 1969.

FIGURA I.1 Diferentes modos de pensar do design

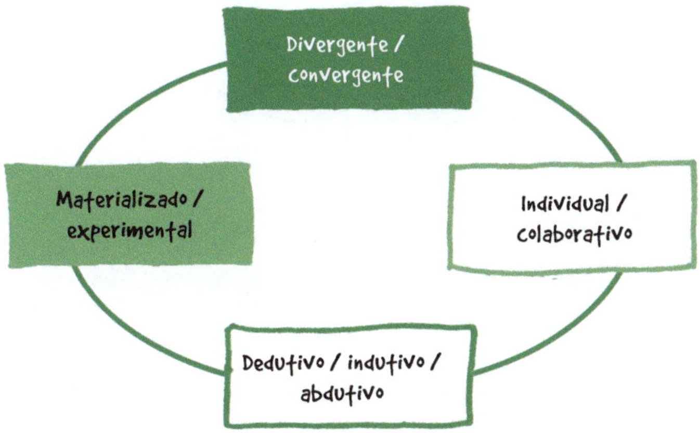

Fonte: elaborada pelas autoras.

Vejamos no que consistem esses diferentes modos de pensar mais detalhadamente.

Pensamento divergente e pensamento convergente

O pensamento divergente é o caminho para a inovação, pois tem por objetivo criar novas possibilidades e multiplicar opções de escolha. Este tipo de pensamento demanda capacidade criativa e habilidade de imaginar cenários que retratem o que se espera do futuro.

No pensamento convergente ocorre exatamente o oposto: filtram-se as opções propostas para fazer escolhas. Por essa razão, é o que nos aproxima de soluções que podem ser implementadas. Trata-se de uma forma prática de decidir entre alternativas existentes e concebidas no processo de design. No entanto, não é tão bom na investigação do futuro e na criação de novas possibilidades.

FIGURA I.2 Alternância entre pensamento divergente e convergente

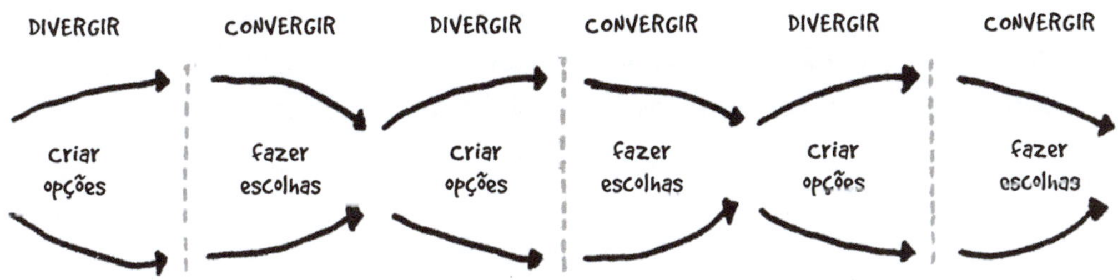

Fonte: adaptada de BROWN, 2010.

Uma das características de maior destaque do DT é a alternância entre o pensamento divergente e o pensamento convergente, para produzir novas ideias e projetar soluções inovadoras.

UMA DAS CARACTERÍSTICAS DE MAIOR DESTAQUE DO PENSAMENTO DE DESIGN É A ALTERNÂNCIA ENTRE O PENSAMENTO DIVERGENTE E O PENSAMENTO CONVERGENTE

Pensamentos dedutivo, indutivo e abdutivo

Normalmente, somos expostos à lógica formal que se baseia em inferências, ou seja, concluímos algo como verdadeiro porque está ligado a outras coisas já consideradas verdadeiras. Isso nos leva a dois tipos principais de pensamento: dedutivo e indutivo.

O pensamento dedutivo parte de princípios gerais e chega a conclusões específicas, sendo útil para análises. Por exemplo, partindo de um princípio geral (grandes empresas de tecnologia investem em P&D), chegamos a uma conclusão específica (nossa empresa deve investir em P&D).

Já o pensamento indutivo funciona ao contrário: começa de casos específicos e chega a conclusões gerais, aplicando-se bem à síntese e à verificação. Um exemplo seria: em todos os projetos nos quais houve uma comunicação clara e frequente com os clientes, o *feedback* foi positivo (vários casos), então estabelecer uma comunicação clara e frequente com os clientes leva a *feedbacks* positivos (conclusão geral).

Essas duas maneiras de pensar são mais adequadas para tarefas que seguem fórmulas conhecidas, mas não para aquelas sem regras predefinidas. É nesse campo que o DT atua, com um tipo diferente de pensamento: o abdutivo.

O pensamento abdutivo é também chamado "criativo" ou "produtivo", pois tem por objetivo sempre criar ou produzir algo novo, seja uma proposta, um produto, um artefato, um sistema ou um serviço. Ele introduz novas ideias por meio da formação de hipóteses e da intuição ("palpites"). Por exemplo, as vendas do produto X caíram significativamente nos últimos meses porque o marketing não vem alcançando o público-alvo (hipótese). Vamos testar uma nova campanha mais agressiva (ideia de solução).

O PENSAMENTO ABDUTIVO É TAMBÉM CHAMADO "CRIATIVO" OU "PRODUTIVO", POIS TEM POR OBJETIVO SEMPRE CRIAR OU PRODUZIR ALGO NOVO, SEJA UMA PROPOSTA, UM PRODUTO, UM ARTEFATO, UM SISTEMA OU UM SERVIÇO

Assim, para quem busca inovar, o pensamento abdutivo é essencial. Ele permite explorar possibilidades além do que já está estabelecido, propondo soluções originais para os desafios enfrentados. Essa forma de raciocínio é a chave para a inovação no DT.

Pensamento materializado e pensamento experimental

Não é raro encontrar autores que considerem o design como a capacidade humana de tornar tangível uma intenção de transformação. Nitzsche,[4] por exemplo, define o design como a habilidade espontânea do ser humano de materializar seus pensamentos.

Assim, "dar forma ao pensamento" e "mostrar em vez de contar" envolvem o uso de recursos visuais para compartilhar ideias e projetar soluções. Isso faz com que as ideias e soluções propostas pelo processo de design se tornem claras o suficiente para que possam ser percebidas ou entendidas, favorecendo, de quebra, a maturação das inovações.[5]

É por essa razão que no design em geral, e particularmente no design thinking, a adoção de recursos visuais permite que os sentidos facilitem a comunicação de ideias. *Storyboards*, diagramas, filmagens, peças de teatro, maquetes, páginas da Internet, mapas mentais e fluxogramas são maneiras de expressar ideias inovadoras e soluções para problemas detectados.

Além disso, uma das principais contribuições do design para as demais áreas do conhecimento e da prática está no desenvolvimento de soluções fazendo uso de um tipo de abordagem experimental, que permita ao designer modelar suas ideias com mais liberdade que outros profissionais.

"DAR FORMA AO PENSAMENTO" E "MOSTRAR EM VEZ DE CONTAR" ENVOLVEM O USO DE RECURSOS VISUAIS PARA COMPARTILHAR IDEIAS E PROJETAR SOLUÇÕES

---

4. NITZSCHE, R. *Afinal, o que é design thinking?* São Paulo: Rosari, 2012.
5. BROWN, T. Design thinking. *Harvard Business Review*, Cambridge, v. 86, n. 6, p. 84-92, June 2008.

A capacidade de formular mentalmente uma ideia original encontra suporte no pensamento experimental. Ou seja, o processo não estará completo se não for adotado um tipo de pensamento pragmático como o experimental, que está embasado na realidade. Este tipo de pensamento permite que ideias anteriormente existentes apenas na mente criadora sejam testadas.

Tal perspectiva implica vivenciar na prática o pensamento que está sendo gerado e construído. Para Nitzsche,[6] o conhecimento deriva da própria experiência humana e é preciso pensar agindo, experimentando. No design em geral, e em especial no design thinking, essa forma de pensamento experimental se evidencia pela forte ênfase dada à prototipagem, que permite que ideias se tornem tangíveis e possam ser testadas, como veremos ao longo deste livro.

A COMPLEXIDADE DOS DESAFIOS ATUAIS TORNA CADA VEZ MAIS REMOTA A POSSIBILIDADE DE TRABALHAR SOZINHO

Pensamento individual e pensamento colaborativo

A complexidade dos desafios atuais torna cada vez mais remota a possibilidade de trabalhar sozinho. De fato, nas áreas tradicionais do design, como o design industrial e o design gráfico, a norma é, há vários anos, a utilização de equipes inteligentes.[7] Quando o pensamento de design e seus princípios são adotados para resolver problemas e criar produtos, serviços, processos e estratégias inovadores, o trabalho individual é substituído pelo trabalho em grupo, composto por profissionais de diversas áreas e que trabalham, em conjunto, para o desenvolvimento de soluções, produtos, serviços, processos etc.

Nesse modelo de trabalho, as fronteiras entre as áreas são transpostas e, a partir da sobreposição e divisão de responsabilidades, os grupos de trabalho acabam por adotar o pensamento colaborativo.

Assim, a chave para um "pensamento de design" é a cocriação, pela articulação de pessoas de diferentes áreas de atuação e competências, que geram os melhores resultados em qualquer tipo de atividade.

---

6. NITZSCHE, 2012.
7. BROWN, T. *Design thinking*: uma metodologia poderosa para decretar o fim das velhas ideias. Rio de Janeiro: Elsevier, 2010.

Adicionalmente, se pensarmos na própria evolução do design, veremos que, à medida que os princípios de design passam a transitar por diferentes áreas, o trabalho individual vai sendo complementado e até substituído pelo trabalho colaborativo. Por conseguinte, quando o design em geral e o design thinking como abordagem específica são aplicados a uma maior variedade e complexidade de problemas e contextos de inovação, é certo que profissionais de diversas áreas atuem em conjunto para o desenvolvimento de novas ideias, processos, estratégias, produtos e serviços.

01 O QUE É DESIGN THINKING?

Este capítulo inicial apresenta, em linhas gerais, o conceito de design thinking (DT), recuperando a origem da expressão, suas características gerais e principais vertentes de pesquisa e prática.

1.1 SIGNIFICADO DA EXPRESSÃO DESIGN THINKING

Nas palavras de **Tim Brown**,[1] um dos maiores defensores do design thinking, esta é uma abordagem que usa a sensibilidade e os métodos dos designers para conciliar as necessidades das pessoas com o que é tecnologicamente exequível, visando converter oportunidades que geram valor em soluções para um contexto específico.

TIM BROWN é um designer que atua como presidente (CEO) da empresa norte-americana de inovação e criatividade Ideo. A Ideo desenvolve soluções, produtos, processos e serviços inovadores para organizações, instituições educacionais e órgãos governamentais no mundo todo. É autor de diversos livros e artigos sobre DT.

Seu livro *Design thinking: uma metodologia poderosa para decretar o fim das velhas ideias* defende a ideia de que o design thinking oferece um caminho sistemático que leva à inovação. Contudo, Pinheiro e Alt[2] argumentam que o design thinking é uma abordagem, e não apenas uma metodologia, como anuncia o título da obra paradigmática para o DT. Para os autores, quando se fala em metodologia, espera-se encontrar orientações específicas e estáticas,

---

1. BROWN, T. *Design thinking*: uma metodologia poderosa para decretar o fim das velhas ideias. Rio de Janeiro: Elsevier, 2010.
2. PINHEIRO, T.; ALT, L. *Design thinking Brasil*: empatia, colaboração e experimentação para pessoas, negócios e sociedade. São Paulo: Elsevier, 2012.

enquanto a abordagem é composta de etapas em um processo que estimula releituras de um problema complexo, identificado nas necessidades das pessoas envolvidas em um contexto analisado. Desse modo, uma conceituação mais apropriada para o design thinking seria um "modo de pensar", cujo principal objetivo é a produção criativa de soluções inovadoras.

O DESIGN THINKING É UMA ABORDAGEM QUE CATALISA A COLABORAÇÃO, A INOVAÇÃO E A BUSCA POR SOLUÇÕES MEDIANTE A OBSERVAÇÃO E A COCRIAÇÃO, A PARTIR DO CONCEITO DE PROTOTIPAGEM RÁPIDA E DA ANÁLISE DE DIFERENTES REALIDADES

Como abordagem completa, o design thinking é composto de um processo, um modo de pensar, métodos e estratégias. A articulação desses aspectos visa colocar as pessoas e suas necessidades no centro do desenvolvimento de um projeto, de forma que usem a criatividade para gerar soluções e empreguem a razão para analisá-las e adaptá-las ao contexto real.

Adotado por indivíduos e organizações, principalmente no mundo dos negócios, bem como na engenharia e no design contemporâneo, a influência do DT tem crescido entre diversas disciplinas na atualidade, como forma de abordar e solucionar problemas. Sua principal premissa é que, ao entenderem os métodos e processos que designers usam ao criarem soluções, indivíduos e organizações seriam mais capazes de se conectar e revigorar seus processos de criação, a fim de elevar o nível de inovação.

O DT se beneficia da capacidade que todos nós temos, mas que é negligenciada por práticas mais convencionais de solução de problemas. Não se trata de uma proposta apenas centrada no ser humano; ela é profundamente humana pela própria natureza. Baseia-se em nossa capacidade de ser intuitivos, reconhecer padrões, desenvolver ideias que tenham um significado emocional além de funcional, expressar-nos em mídias além de usar palavras ou símbolos.

1.2 ORIGEM DA EXPRESSÃO DESIGN THINKING

Antes de nos debruçarmos sobre a origem da expressão, é importante observar que existem divergências entre pesquisadores do campo do design e da administração em relação à gênese dela.

Alguns autores indicam que o design thinking "nasceu" no século passado com **Herbert A. Simon**, autor de *As ciências do artificial*[3] (publicado originalmente em 1969),[4] e **Donald Schön**, autor de *Educando o profissional reflexivo*[5] (publicado originalmente em 1983). As duas obras apresentam as características do modo de pensar dos designers. Autores do campo da administração, por sua vez, defendem que o conceito foi criado na Universidade Stanford e na empresa de inovação Ideo no início dos anos 2000.

Tentaremos, no breve histórico a seguir, registrar as contribuições de ambos os campos para a formulação do DT tal como o conhecemos hoje.

HERBERT A. SIMON (1916-2001) foi um economista e psicólogo norte-americano, considerado um dos mais influentes cientistas sociais do século XX nas áreas de administração, economia, psicologia e ciência da computação. Graduou-se em ciências sociais e matemática pela Universidade de Chicago e, posteriormente, obteve o título de doutor (PhD) em Ciências Sociais na mesma instituição. Docente na Carnegie Mellon University, realizou pesquisas sobre a tomada de decisão e o comportamento humano, pelas quais ganhou o Prêmio Nobel de Economia em 1978. Recebeu também a Medalha Nacional da Ciência, conferida por sua produção na área de ciências do comportamento, e o prêmio Turing em Ciência da Computação.

DONALD SCHÖN (1930-1997) foi um educador norte-americano que atuou como professor no Instituto de Tecnologia de Massachusetts (MIT) por 29 anos. Licenciou-se em Filosofia pela Universidade Yale e obteve o mestrado e doutorado na mesma área pela Universidade Harvard. Docente da Universidade da Califórnia (UCLA) e da Universidade do Kansas, suas pesquisas e produção bibliográfica estão centradas em uma educação reflexiva e na aprendizagem organizacional.

PETER ROWE atuou como diretor da Escola de Design de Harvard entre 1992 e 2004 e foi diretor do Departamento de Design e Planejamento Urbano na mesma instituição entre 1988 e 1992. Antes de trabalhar em Harvard, foi diretor da Escola de Arquitetura da Rice University. Sua produção está centrada em interpretação cultural e design, desenvolvimento econômico e urbanismo, moradia e sustentabilidade.

1.2.1 A origem do design thinking segundo a área de design

É preciso dizer que, embora a expressão design thinking (ou "pensamento de design") faça parte de um processo histórico de construção por parte de autores e profissionais que já a aplicavam em diversos contextos na área de design e em outras áreas, **Peter Rowe** (1987) foi o primeiro autor a publicar um livro totalmente dedicado ao tema. Na publicação, ele faz um relato sistemático da forma pela qual arquitetos e urbanistas resolvem problemas.

---

3. SIMON, H. A. *As ciências do artificial*. Coimbra: Arménio Amado, 1981.
4. SIMON, H. A. *The sciences of the artificial*. Massachusetts: MIT Press, 1969.
5. SCHÖN, D. A. *The reflective practitioner*. New York: Basic Books, 1983.

Mais adiante, o estudo de **Richard Buchanan**[6] expandiu a visão em relação ao DT ao elevá-lo à categoria de abordagem intelectual para enquadramento e resolução de questões intratáveis sob outros métodos ou abordagens. O autor considera o DT uma nova arte liberal da cultura tecnológica, ou seja, uma forma de pensamento integrativo e holístico que pode ser compartilhada por todas as pessoas.

No início dos anos 2000, **Donald Norman** publica a obra *O design do dia a dia*,[7] que se tornou a bíblia do design centrado no usuário e do design de interação. Nesse livro, ele registra suas frustrações com a operação de objetos do cotidiano e apresenta princípios do design relacionados à usabilidade. Depois, publica *Design emocional: por que adoramos (ou detestamos) os objetos do dia a dia*,[8] em que trata de três níveis de design – visceral, comportamental e reflexivo – enveredando por questões estético-formais, de uso/prática e simbólicas.[9]

Na esteira das ideias de Norman e de outros autores da mesma época, o design foi se aproximando cada vez mais das funções humanas e da natureza que relacionam sentimentos, desejos e necessidades. Isso fez com que os ambientes de convivência humana, e também os ambientes de trabalho, fossem permeados por uma busca da boa dinâmica social, assim como da criação e do "redesign" de espaços físicos e virtuais.

Ainda na década de 1990, outro teórico começa a produzir textos apresentando o design como forma de atender a demandas e necessidades do ser humano. Esse autor é **Klaus Krippendorff**,[10] que criou o conceito de **design centrado no ser humano** (DCSH), ou **HCD** (de *human centered design*), sigla mais conhecida. Este se ocupa da maneira como os indivíduos veem e interpretam

RICHARD BUCHANAN é professor de Design, Administração e Sistemas da Informação na Weatherhead School of Management, da Case Western Reserve University, desde 2006. Antes disso, trabalhou por 16 anos na Escola de Design da Carnegie Mellon University.
É conhecido por aplicar princípios de design a novas áreas do conhecimento e por sua vasta produção bibliográfica, que trata principalmente de design de interação.

DONALD A. NORMAN é professor emérito de Ciência Cognitiva na Universidade da Califórnia, professor de Ciência da Computação na Universidade Northwestern e ainda leciona na Universidade Stanford. Suas pesquisas, publicações e projetos se situam na convergência entre usabilidade e psicologia cognitiva, revelando grande preocupação com o design centrado no usuário e no ser humano. Junto com o cientista da computação Jakob Nielsen, fundou o Nielsen Norman Group, de enorme influência no campo do design. Outra importante obra do autor é *The invisible computer: why good products can fail, the personal computer is so complex, and information appliances are the solution*,[9] ainda sem tradução para português.

---

6. BUCHANAN, R. Wicked problems in design thinking. *Design Issues*, v. 8, n. 2, p. 5-21, 1992.
7. NORMAN, D. A. *O design do dia a dia*. Rio de Janeiro: Rocco, 2006.
8. NORMAN, D. A. *Design emocional*: por que adoramos (ou detestamos) os objetos do dia a dia. Rio de Janeiro: Rocco, 2008.
9. NORMAN, D. A. *The invisible computer*: why good products can fail, the personal computer is so complex, and information appliances are the solution. Cambridge: MIT Press, 1990.
10. KRIPPENDORFF, K. On the essential contexts of artifacts or on the proposition that "design is making sense (of things)". *Design Issues*, v. 5, n. 2, p. 9-39, Spring 1989.

artefatos, bem como convivem com eles – ou seja, qualquer coisa que possa ser projetada por um designer, como produtos tangíveis, informações, identidades e marcas.

O HCD está embasado em métodos e modelos que enfatizam, comunicam, estimulam e explicitam as características, capacidades e comportamentos inerentes ao ser humano, permitindo que seus desejos, necessidades e experiências sejam o ponto de partida para a projeção de soluções, produtos e serviços.

O HCD ESTÁ EMBASADO EM MÉTODOS E MODELOS QUE ENFATIZAM, COMUNICAM, ESTIMULAM E EXPLICITAM AS CARACTERÍSTICAS, CAPACIDADES E COMPORTAMENTOS INERENTES AO SER HUMANO

KLAUS KRIPPENDORFF é professor emérito de Comunicação na Annanberg School for Communication da Universidade da Pensilvânia, nos Estados Unidos. Em 1954, graduou-se em Engenharia na Alemanha pela State Engineering School Hannover e em Design, em 1961, pela Escola de Design de Ulm. Ingressou na carreira acadêmica em 1964 e, na década de 1990, a temática do design centrado no ser humano começou a aparecer em suas publicações. Sua principal contribuição é a proposta de que o design seja baseado em características, desejos e necessidades humanas.

JOHN EDWARD ARNOLD (1913-1963) foi professor de Engenharia Mecânica e Administração. Graduou-se em Psicologia em 1934 na Universidade de Minnesota e concluiu um mestrado em Engenharia Mecânica em 1940 no Massachusetts Institute of Technology (MIT). Posteriormente, atuou na indústria como designer mecânico e engenheiro de pesquisa. Deu aulas no MIT de 1942 a 1957, desenvolvendo o primeiro Laboratório de Engenharia Criativa. Foi convidado a trabalhar na Universidade Stanford, em 1957, como professor de Engenharia Mecânica e Administração de Empresas. Fundou e dirigiu a Divisão de Design do Departamento de Engenharia Mecânica, onde criou estratégias para o ensino e a prática da criatividade na engenharia. Foi pioneiro no estudo da criatividade tendo sempre como base a psicologia.

1.2.2 A origem do design thinking segundo a área de administração

No campo da administração, boa parte das ideias relacionadas aos processos, ao modo de pensar e aos métodos e estratégias do design thinking pode ser atribuída à Universidade Stanford e à empresa Ideo.

Mais especificamente, em 1958 um laboratório de design foi inaugurado na Escola de Engenharia Mecânica da Universidade Stanford pelo engenheiro e professor **John Arnold**. Algum tempo depois, Arnold formou a primeira turma interdisciplinar, composta de alunos de Engenharia e Artes, com o objetivo de propor problemas que pudessem ser resolvidos com base no pensamento analítico dos engenheiros e no pensamento intuitivo dos artistas.

Nas décadas seguintes, a disciplina Design de Produtos (ME101) da Escola de Engenharia Mecânica evoluiu para abarcar ênfase em artes, tecnologia, solução de problemas e negócios. Atualmente, sob a denominação ME310, tem, segundo Stuber,[11] seu maior compromisso com a pesquisa sobre design thinking.

No começo dos anos 2000, a empresa norte-americana Ideo, fundada pelo designer **David Kelley**, ex-aluno e ex-coordenador do curso de Engenharia Mecânica de Stanford, inaugurou a perspectiva de design thinking que se tornou conhecida mundialmente. Kelley estabeleceu a sede da empresa em Palo Alto, praticamente em frente à entrada principal de Stanford, reforçando a conexão entre a Ideo e a universidade, que perpassa a localização física e chega à proposta metodológica e conceitual de design thinking.[12]

> **DAVID KELLEY** é um engenheiro com mestrado em Stanford na área de design. Em 1977, fundou a Ideo, uma empresa que desenvolve produtos, processos e serviços centrados no usuário. Docente no curso de Engenharia de Stanford desde 1977, em 2004 foi um dos professores convidados a trabalhar na criação e implementação da d.school, instituto de design dessa universidade. Atualmente, é diretor desse instituto e da Ideo.

O êxito da Ideo levou David Kelley a confiar a comunicação da empresa a seu irmão, Tom Kelley, e a Tim Brown, com a missão de divulgar a metodologia e as ferramentas do design thinking.[13]

A d.school (Hasso Plattner Institute of Design at Stanford) foi fundada com o objetivo de disseminar a abordagem e a metodologia usadas na disciplina ME310 a um número maior de alunos e interessados. Logo se tornou um dos programas mais populares da universidade. Desde então, alunos e professores das áreas de engenharia, medicina, humanas, administração, educação e comunicação aprendem a usar o DT para resolver problemas complexos de maneira inovadora.

Além de oferecer disciplinas independentes para alunos da universidade, a instituição treina executivos, tem um programa para o ensino fundamental (K12) e outro de empreendedorismo social.[14] Em 2009, a d.school publicou um guia, denominado *Bootcamp Bootleg*,[15] com ferramentas adotadas no DT. Em 2011, esse documento foi atualizado e disponibilizado no *site* da instituição.

Da mesma forma que a Universidade Stanford, outras instituições de destaque, como o Instituto de Tecnologia de Massachusetts (MIT), em Boston, e a Universidade de Potsdam, em Berlim, também utilizam o DT como metodologia criativa de aprendizagem e construção de conhecimento pelo desenvolvimento de projetos colaborativos.

---

11. STUBER, E. *Inovação pelo design*: uma proposta para o processo de inovação através de worskshops utilizando o design thinking e o design estratégico. 2012. Dissertação (Mestrado em Design Estratégico) – Universidade Vale do Rio dos Sinos (Unisinos), São Leopoldo, 2012.
12. CAVALCANTI, C. M. C. *Contribuições do design thinking para a concepção de interfaces de ambientes virtuais de aprendizagem centradas no ser humano*. 2015. Tese (Doutorado em Educação) – Faculdade de Educação, Universidade de São Paulo, São Paulo, 2015.
13. NITZSCHE, R. *Afinal, o que é design thinking?* São Paulo: Rosari, 2012.
14. STUBER, 2012.
15. D.SCHOOL. *Bootcamp Bootleg*. Palo Alto: Hasso Plattner Institute of Design at Stanford, 2011, p. 1-44.

A UNIVERSIDADE STANFORD, ENTRE OUTRAS INSTITUIÇÕES DE DESTAQUE, COMO O INSTITUTO DE TECNOLOGIA DE MASSACHUSETTS (MIT), EM BOSTON, E A UNIVERSIDADE DE POTSDAM, EM BERLIM, TAMBÉM UTILIZA O DT COMO METODOLOGIA CRIATIVA DE APRENDIZAGEM E CONSTRUÇÃO DE CONHECIMENTO PELO DESENVOLVIMENTO DE PROJETOS COLABORATIVOS

No Brasil, o primeiro artigo sobre DT foi publicado em 2009 e o primeiro *workshop* ocorreu em Porto Alegre em 2010.[16] Nesse mesmo ano, os primeiros cursos de DT foram oferecidos pela Escola Superior de Propaganda e Marketing (ESPM), FEA (USP), FIAP, FIA e ENAP, além de serem adotados por empresas como Natura, Itaú, Airbnb e Google, entre outras.

A Escola de Artes, Ciências e Humanidades (EACH) da Universidade de São Paulo (USP) criou o Laboratório de Design, Inovação e Criatividade (d-USPLeste). O professor Reinhold Steinbeck, pesquisador associado do Center for Design Research da Universidade Stanford,[17] participou do processo de criação do laboratório que hoje dá suporte para o uso de DT em disciplinas da EACH.

1.3 PRINCIPAIS PERSPECTIVAS RELATIVAS AO PROCESSO DE DESIGN THINKING

Existem variadas perspectivas sobre a gênese do design thinking e, como consequência, diferentes visões sobre as etapas do processo e métodos a serem adotados. Entretanto, especialmente no contexto brasileiro, as perspectivas mais conhecidas e disseminadas tanto no campo da administração quanto no campo de design são as abordagens da Ideo e da d.school.

---

16. NITZSCHE, 2012.
17. O Center for Design Research é uma comunidade de professores e pesquisadores da área da engenharia que pesquisam ensino e prática desse ramo com foco em inovação e design.

EXISTEM VARIADAS PERSPECTIVAS SOBRE A GÊNESE DO DESIGN THINKING E, COMO CONSEQUÊNCIA, DIFERENTES VISÕES SOBRE AS ETAPAS DO PROCESSO E MÉTODOS A SEREM ADOTADOS

1.3.1 *HCD Toolkit*[18]

A perspectiva da empresa Ideo sobre o design thinking é apresentada no *HCD Toolkit*. Como vimos anteriormente, HCD é abreviatura para *human centered design*, o que já nos dá uma ideia de quais suas principais ênfases. E *Toolkit* é um documento disponível no *site* da Ideo que descreve como as equipes podem inovar e desenvolver projetos usando o DT.

O *HCD Toolkit* introduz a metodologia de DT ao apresentar três lentes que ajudam design thinkers a encontrar soluções impactantes para problemas complexos:

- **o desejo** – as necessidades humanas, aquilo que é desejável e faz sentido para as pessoas;
- **a praticabilidade** – aquilo que é possível técnica, funcional e organizacionalmente em um futuro próximo; e
- **a viabilidade** – o que é viável financeiramente e que provavelmente se tornará parte de um modelo de negócios sustentável.

O trabalho colaborativo com DT parte da aplicação da primeira lente. Quando o desejo das pessoas é identificado, cabe aplicar as lentes da praticabilidade (esse desejo pode ser realizado técnica e organizacionalmente?) e da viabilidade (essa realização é financeiramente viável?).

Na Figura 1.1, vemos a articulação entre as três lentes do DT propostas pelo *HCD Toolkit*.

18. IDEO. *HCD Toolkit*. Palo Alto: Ideo, 2009.

FIGURA 1.1 As três lentes do design centrado no ser humano (HCD)

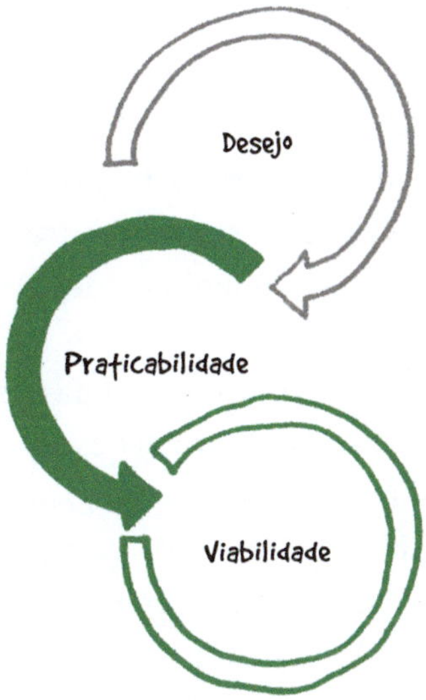

Fonte: adaptada de IDEO, 2009; BROWN, 2010.

Na visão de Tim Brown,[19] as três lentes do HCD podem ser entendidas como restrições, sem as quais o design não pode ser criado. Na verdade, para o autor, o "melhor" design normalmente é projetado com limitações relativamente grandes.

Do ponto de vista processual, o *HCD Toolkit* propõe três etapas – *ouvir*, *criar* e *entregar*, que, em inglês, correspondem a *hear*, *create* e *deliver*, cujas iniciais formam o acrônimo HCD, como mostra o Quadro 1.1.

QUADRO 1.1 As etapas do DT segundo o *HCD Toolkit*

HCD Toolkit	ouvir	criar	entregar
	(***h**ear*)	(***c**reate*)	(***d**eliver*)

Fonte: adaptado de IDEO, 2009.

De forma detalhada, as etapas consistem no que segue.

- **Ouvir** – aqui o objetivo é entender as expectativas, os desejos e as necessidades de todos os envolvidos. Antes de ir a campo coletar dados, define-se um desafio estratégico, que norteará o projeto colaborativo. Para ser estratégico, o desafio deve ser moldado de acordo com o desejo das pessoas; abrangente o suficiente para permitir que a equipe descubra áreas de valor inesperado; e específico o bastante para tornar

19. BROWN, 2010.

a questão gerenciável. Definido o desafio estratégico, a equipe se organiza para levantar informações por meio de observações, entrevistas e, se possível, de vivência nos variados contextos em que os participantes estão envolvidos. Essa etapa começa no pensamento concreto, pois deve partir das observações da realidade das pessoas, das experiências vivenciadas pela equipe, até chegar às narrativas daqueles que estão envolvidos no desafio estratégico estabelecido. Nessa etapa, os design thinkers ainda não terão definido o problema específico que será trabalhado durante o projeto. Essa definição deve emergir do entendimento do desejo e da necessidade das pessoas e dos dados coletados.

- **Criar** – esta é a etapa mais abstrata do processo e demanda dos design thinkers grande capacidade de síntese e interpretação das informações coletadas, recuperando os possíveis *insights* ou ideias que tenham surgido na etapa anterior. Com estes dados, o problema central do projeto é definido. O próximo passo consiste na seleção das melhores soluções trazidas pela equipe. Posteriormente, todos se mobilizam para produzir protótipos rápidos, que deverão ser testados preferencialmente com as próprias pessoas que foram observadas e entrevistadas na etapa *ouvir*.
- **Entregar –** neste momento, as soluções propostas e testadas são executadas e têm seu impacto monitorado. Para isso, o *HCD Toolkit* recomenda que a equipe realize análises de possibilidade, de viabilidade e de inovação, e desenhe planos de implementação e de aprendizado. Aqui também está prevista a implementação de soluções-piloto que possam ser testadas pelos *stakeholders*. Assim, a prototipagem que começa na etapa *criar* se estende, só que de maneira mais estruturada, nesta etapa final.

O *HCD Toolkit*, assim como Tim Brown, reforça que a proposta metodológica do DT não é linear. Existe uma articulação entre as etapas, que podem ser revisitadas se houver necessidade, pois o processo é sistêmico e iterativo. Esse é um dos princípios da abordagem da Ideo, que também encontramos na perspectiva da d.school, descrita no tópico 1.3.2.

Como vimos, Tim Brown é um dos maiores proponentes do DT, filiado à Ideo e autor de livros e artigos traduzidos para vários idiomas. Com o lançamento do *best-seller Change by design** (*Mudança pelo design*), em 2009, Brown conseguiu divulgar o design thinking em boa parte do mundo, principalmente na área dos negócios.

Para o autor, não existe no DT uma "única forma", nem "a" melhor forma de desenvolver um produto ou um serviço ou, ainda, de modo mais amplo, uma única solução para um problema. A missão do DT é traduzir as observações (inspiração) em *insights* (ideação) e estes em produtos e serviços (implementação). E cada projeto pode percorrer cada um desses espaços mais de uma vez, à medida que os design thinkers lapidam suas ideias e exploram novos direcionamentos.

* BROWN, 2009.

1.3.2 *Bootcamp Bootleg*[20]

A perspectiva da d.school sobre o DT é apresentada no *Bootcamp Bootleg*. Trata-se de um material disponível no *site* da Universidade Stanford que traz uma compilação de ferramentas centradas no ser humano, as quais visam orientar os design thinkers no desenvolvimento de projetos.

Segundo essa publicação, um problema nunca deve ser aceito da forma como é apresentado. Ao contrário, deve-se adotar um "modo de pensar" (numa tradução direta do termo em inglês *mindset*), que fundamenta o trabalho colaborativo no DT. Esse modo de pensar se resume nas premissas citadas a seguir.

- **O DT é uma abordagem centrada no ser humano** – a inovação é contemplada por meio da compreensão daquilo que as pessoas almejam e precisam (em uma palavra, "empatia"), bem como de suas opiniões em relação aos produtos e a todo o sistema relacionado a eles.
- **O DT é orientado à ação** – agir é essencial para que algo realmente aconteça.

20. D.SCHOOL, 2011.

- **O DT é orientado à colaboração** – equipes interdisciplinares percorrem um processo voltado a entender os usuários no contexto em que estes se inserem, e criam soluções em um processo colaborativo, em conjunto com especialistas, para gerar, ao final, soluções inovadoras.
- **O DT é orientado à cultura de prototipagem** – testes rápidos possibilitam discussões sobre forças e fraquezas, permitindo falhar mais cedo para obter sucesso mais cedo também, uma vez que é possível identificar direções para o projeto (em vez de dar uma visão final pronta e acabada).
- **O DT é orientado à demonstração de ideias** – objetiva-se receber *feedback* e aumentar a consciência sobre o processo.
- **O DT é orientado à atuação cíclica no processo** – os passos necessários para alcançar uma solução viável são repetidos de forma iterativa e não linear.

Em termos processuais, o *Bootcamp Bootleg* indica cinco etapas para a execução do DT: *empatia* (em algumas publicações, dividida em dois momentos: *entender* e *observar*), *definir*, *idear*, *prototipar* e *testar*.

Essas etapas são cíclicas, e não lineares, e refletem o movimento pelo qual a equipe passará durante o desenvolvimento de um projeto, alternando entre concretude e abstração no que se refere ao tipo de pensamento adotado pelos design thinkers.

A Figura 1.2 ilustra essas etapas.

FIGURA 1.2 As etapas do DT segundo o *Bootcamp Bootleg*

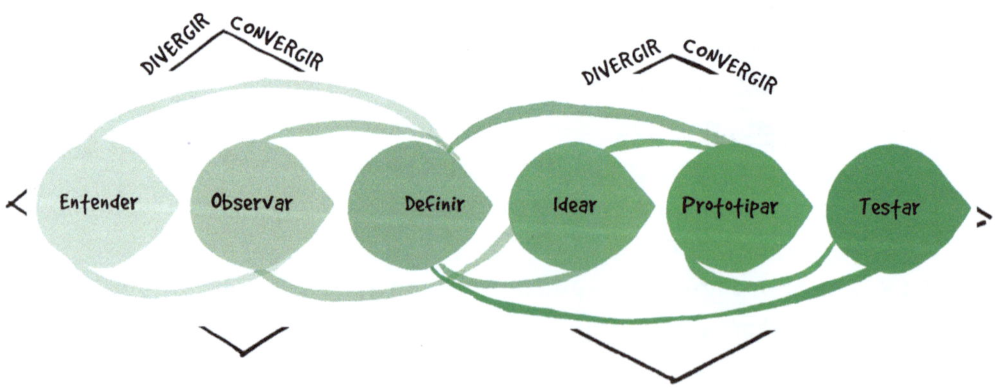

Fonte: CAVALCANTI, 2015.

A seguir, são descritas as características de cada etapa visando lançar luz sobre o processo ilustrado na figura.

- **Entender/observar (empatia)** – para entender qualquer situação com profundidade, é necessário observar o contexto e o comportamento das pessoas envolvidas na situação analisada. Nesta etapa, é exatamente isso que será feito. Os design thinkers irão ouvir o que os *stakeholders* têm a dizer sobre seus problemas, necessidades e expectativas. Assim, utilizam o pensamento concreto para estruturar a coleta de dados e, durante a observação de variadas perspectivas, adotam o pensamento abstrato para identificar o problema central cuja solução precisa ser proposta.
- **Definir** (um ponto de vista) – nesta etapa, a equipe deve sintetizar e interpretar os dados e impressões coletadas durante o exercício de empatia. A partir desse tratamento dado às informações coletadas, define-se um ponto de vista a ser trabalhado durante o desenvolvimento do projeto. É importante redigir uma afirmação que expresse o problema central que irá nortear o uso do design thinking e as ações futuras no desenvolvimento do projeto. Nesta etapa, a equipe volta ao pensamento concreto, pois define a esfera de atuação que foi identificada durante a etapa de empatia.
- **Idear** – nesta etapa, ocorre uma transição entre a identificação dos problemas e a exploração de soluções. A equipe pensa além das soluções óbvias, explora perspectivas e pontos fortes de cada um de seus membros e busca soluções em áreas pouco convencionais. Geralmente, a ideação é promovida em sessões de "chuva de ideias" (*brainstorming*). Nesse ponto, o foco é a geração do maior número possível de ideias, que serão posteriormente categorizadas, filtradas e selecionadas pela equipe de trabalho. Aqui se emprega o pensamento abstrato, considerando que a equipe concentra seus esforços na geração de novas ideias.
- **Prototipar** – nesta etapa, a equipe trabalha na concepção e no desenvolvimento de protótipos que possibilitam tanto aos design thinkers quanto aos *stakeholders* ver, tocar e experimentar, pois a ideação realizada pela equipe se torna real e retorna ao âmbito do pensamento concreto. A criação de protótipos possibilita que várias ideias sejam testadas sem a necessidade de grandes investimentos financeiros.
- **Testar** – aqui os protótipos são testados, para que as soluções propostas sejam refinadas, aprimoradas e redefinidas. Isso ajuda na validação do problema que a equipe decidiu enfrentar. Esta etapa também emprega o pensamento concreto para reestruturar o protótipo ou implementar uma solução.

Na perspectiva do *Bootcamp Bootleg*, assim como no *HCD Toolkit*, todas as etapas do DT são iterativas, constantes e flexíveis. A qualquer momento pode ser – e frequentemente é – necessário revisitar as etapas anteriores e aperfeiçoar o trabalho. Os design thinkers podem chegar à etapa de prototipagem e perceber que o problema definido não reflete de fato o desejo das pessoas observadas e ouvidas nas etapas da empatia. Nesse caso, talvez seja necessário retomar a etapa *entender* e *observar* na busca de novos dados que ajudarão a compreender o verdadeiro problema a ser solucionado.

NA PERSPECTIVA DO BOOTCAMP BOOTLEG, ASSIM COMO NO HCD TOOLKIT, TODAS AS ETAPAS DO DT SÃO ITERATIVAS, CONSTANTES E FLEXÍVEIS. A QUALQUER MOMENTO PODE SER – E FREQUENTEMENTE É – NECESSÁRIO REVISITAR AS ETAPAS ANTERIORES E APERFEIÇOAR O TRABALHO

1.3.3 Articulando as duas perspectivas

Cavalcanti[21] articula as duas perspectivas quando relata que tanto o *HCD Toolkit* quanto o *Bootcamp Bootleg* descrevem rapidamente o processo de DT. Utilizam para isso um conjunto de etapas que guardam semelhança entre si, como mostra o Quadro 1.2.

QUADRO 1.2 Articulação das etapas do DT segundo o *HCD Toolkit* e o *Bootcamp Bootleg*

HCD Toolkit	Ouvir	Criar	Entregar
↕	↕	↕	↕
Bootcamp Bootleg	Entender e observar	Definir e idear	Prototipar e testar

Fonte: elaborado pelas autoras a partir de CAVALCANTI, C. C.; BITTENCOURT, J. P. O design thinking para concepção de arquiteturas pedagógicas centradas no humano e apoiadas em tecnologia. *In*: COLÓQUIO WEB CURRÍCULO, 2014, São Paulo. *Anais*... São Paulo: PUC, 2014. Disponível em: https://www.researchgate.net/publication/277140825_O_DESIGN_THINKING_PARA_CONCEPCAO_DE_ARQUITETURAS_PEDAGOGICAS_CENTRADAS_NO_HUMANO_E_APOIADAS_EM_TECNOLOGIA. Acesso em: 30 jul. 2025.

Para cada uma dessas etapas, ambas as perspectivas propõem um conjunto de estratégias que podem ser adotadas pelos design thinkers segundo demandas e especificidades de cada projeto, como mostra o Quadro 1.3.

21. CAVALCANTI, 2015.

QUADRO 1.3 Estratégias do DT segundo o *HCD Toolkit* e o *Bootcamp Bootleg*

Estratégias	• Definição do desafio estratégico • Avaliação de conhecimentos preexistentes • A mente de um iniciante • Identificação de *stakeholders* • Escolha de métodos de pesquisa • Técnicas de entrevista • Entrevista em grupo • Extração dos principais *insights*	• Encontrando temas • Criando estruturas • Projeto participativo • Criando áreas de oportunidade	• Transformando ideias em realidade • Coletando *feedback* • Identificando capacidades necessárias para implementar soluções • Planejando um conjunto de soluções • Criando um calendário de implementação • Criando um plano de aprendizado
HCD Toolkit	Ouvir	Criar	Entregar
	↕	↕	↕
Bootcamp Bootleg	Entender e observar	Definir e idear	Prototipar e testar
Estratégias	• Mentalidade de um iniciante • Usuários extremos • Entrevista empática • Mapa da empatia • *Persona*	• Definição do enunciado do problema • *Checklist* de leitura crítica • Perguntas do tipo "Como podemos...?"	• Protótipos para testagem • Prototipagem empática • Grade de captura de *feedback*

Fonte: elaborado pelas autoras.

Algumas das estratégias apresentadas no Quadro 1.3 foram adaptadas ou inspiraram a criação das estratégias apresentadas no Capítulo 4, com roteiros completos de aplicação ao final do livro.

NESTE CAPÍTULO apresentamos o conceito de design thinking, suas características gerais e vertentes que fundamentam a visão de DT adotada neste livro. No próximo capítulo veremos que o DT pode ser usado como abordagem de inovação, metodologia para solução de problemas difíceis ou mal definidos e metodologia criativa de aprendizagem.

02

PARA QUE SERVE O DESIGN THINKING?

O design thinking tem sido disseminado no mundo dos negócios, da publicidade e da tecnologia, entre outros, como uma abordagem de inovação. Tem sido usado nos campos educacional e social e por governos com essa mesma marca. Reconhecemos seu potencial ímpar não apenas para lidar com o que é novo, mas também para construir algo que não existe, algo diferente, revolucionário ou até mesmo disruptivo. Neste capítulo, vamos pensar para que serve o design thinking e que tipo de inovação ele pode representar.

2.1 APLICAÇÕES DO DESIGN THINKING

Certamente, a abordagem de inovação é uma das aplicações mais interessantes e disseminadas do DT nos diversos contextos em que é adotado. Mas também visualizamos o DT como metodologia para solução de problemas difíceis ou mal definidos, que possibilite a construção de respostas desejáveis, viáveis e praticáveis, mas não necessariamente inovadoras, no sentido mais clássico do termo.

Adicionalmente, identificamos outra aplicação tão interessante quanto as anteriores, que é o DT como metodologia criativa de aprendizagem, um tipo específico de abordagem que pode ser acoplado à aprendizagem baseada em problemas e projetos.

Dito isso, a Figura 2.1 representa como vemos essas três principais aplicações para o uso do design thinking.

FIGURA 2.1 Articulação entre as três aplicações do DT

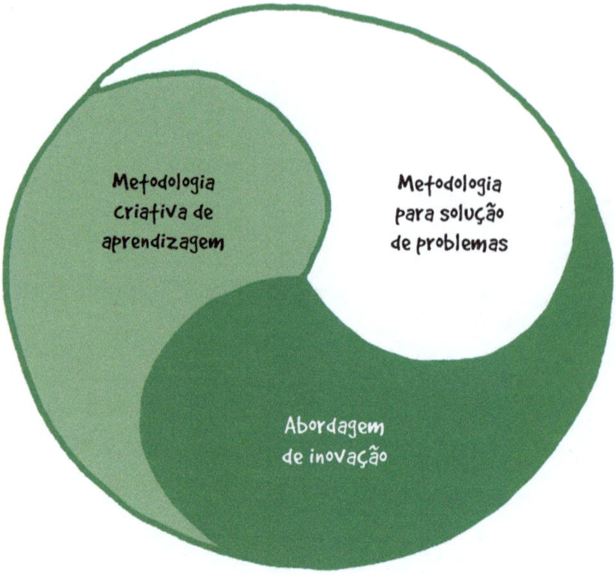

Fonte: elaborada pelas autoras.

Devemos considerar, contudo, que às vezes um projeto começa a ser desenvolvido tendo-se apenas uma dessas três aplicações em mente, mas ao final é possível encontrar elementos de todas elas nas soluções criadas e experiências vivenciadas pelos design thinkers.

Assim, neste capítulo ficará evidente que o objetivo inicial que estimula o desenvolvimento de um projeto a partir da abordagem do DT pode ser centrado na necessidade de solucionar problemas, no desejo de inovar ou ainda na vontade de adotar uma estratégia de aprendizagem específica. Importante ressaltar, porém, que os design thinkers envolvidos em um projeto colaborativo embasado no DT vivenciarão as três aplicações, em maior ou menor medida, uma vez que elas estão intimamente interligadas.

Para ilustrar essa articulação entre as aplicações, apresentamos nos tópicos seguintes casos e uma entrevista sobre o uso de DT em diferentes contextos. Também trazemos a perspectiva de profissionais com diferentes perfis e objetivos, que adotam o DT como abordagem de inovação, como metodologia para solução de problemas e como estratégia de aprendizagem criativa.

SEGUNDO O DICIONÁRIO MICHAELIS, "INOVAR É A CAPACIDADE DE CRIAR, INVENTAR, ENCONTRAR UM NOVO PROCESSO E INTRODUZIR NOVIDADES"

2.2 DESIGN THINKING COMO ABORDAGEM DE INOVAÇÃO

Como vimos no início deste capítulo, o DT é bastante disseminado e aceito como uma abordagem de inovação.

Segundo o Dicionário Michaelis,[1] "inovar é a capacidade de criar, inventar, encontrar um novo processo e introduzir novidades". Coloquialmente, a palavra **inovação** tem sido usada para descrever ideias, invenções e criações novas que chegam ao mercado e à sociedade por meio de produtos, serviços e projetos, entre outros formatos.

Assim, nestes tempos em que o desenvolvimento técnico e científico se acelerou como nunca na história da humanidade, a inovação acaba por determinar a sobrevivência de um projeto ou negócio, além de ser um aspecto fundamental para que instituições, empresas, organizações e até mesmo países alcancem e mantenham uma posição de liderança ou vanguarda. Nesse sentido, a inovação também pode ser definida como a capacidade de fazer mais utilizando menos recursos e a capacidade de ganhar eficiência em processos administrativos, financeiros, produtivos ou até mesmo na prestação de serviços.

NESTES TEMPOS EM QUE O DESENVOLVIMENTO TÉCNICO E CIENTÍFICO SE ACELEROU COMO NUNCA NA HISTÓRIA DA HUMANIDADE, A INOVAÇÃO ACABA POR DETERMINAR A SOBREVIVÊNCIA DE UM PROJETO OU NEGÓCIO, ALÉM DE SER UM ASPECTO FUNDAMENTAL PARA QUE INSTITUIÇÕES, EMPRESAS, ORGANIZAÇÕES E ATÉ MESMO PAÍSES ALCANCEM E MANTENHAM UMA POSIÇÃO DE LIDERANÇA OU VANGUARDA

Entretanto, especialmente das últimas décadas, o termo **inovar** tem assumido um significado mais amplo e que abrange desde o campo da gestão da inovação, mais

1. MICHAELIS. *Moderno Dicionário da Língua Portuguesa.*

ligado aos aspectos administrativos e mercadológicos, até o campo da gestão do conhecimento, mais ligado à aprendizagem organizacional.

Existem alguns outros aspectos a serem considerados quando se trata de inovação. As autoras Crossan e Apaydub[2] propuseram que a inovação é tanto o processo que ocorre enquanto a inovação é concebida quanto o resultado derivado dessa inovação implementada em um contexto real.

Desse modo, é amplo o espectro potencial para inovação nas organizações, escolas, governos e comunidades. Sabemos, todavia, que ela não acontece sempre no mesmo grau de intensidade. Tushmam e Nadler[3] classificam a inovação em incremental, sintética e descontínua ou radical. Em linhas gerais, eles as diferenciam pelas características a seguir.

- **Inovação incremental** – representa a adição de pequenas melhorias, novas versões ou até mesmo extensões de produtos, processos, serviços e políticas já existentes.
- **Inovação sintética** – refere-se à recombinação criativa de ideias ou tecnologias para desenvolver mudanças em fatores conhecidos.
- **Inovação descontínua ou radical** – desenvolvimento e/ou implementação de ideias significativamente novas que resultem em mudanças efetivas em processos, sistemas, produtos e serviços.

Bower e Christensen[4] falam ainda em **inovação disruptiva** como aquela que redefine os paradigmas de todo um setor, independentemente da complexidade tecnológica envolvida. Muitas vezes, o DT é associado a esse tipo de inovação radical e disruptiva por estar atrelado a mudanças estruturais mais significativas. Vemos exemplos desse tipo de inovação principalmente conectada a desenvolvimentos tecnológicos recentes, como a aplicação da Inteligência Artificial (IA), que revolucionaram as formas de comunicação, as relações de consumo e os canais de participação política.

Também observamos na última década um movimento crescente de *startups* que gestam e disponibilizam novas soluções nos campos da saúde, na indústria, no agronegócio, em ambientes corporativos, entre outros. Em geral, lideradas por jovens da geração digital, essas empresas recém-iniciadas ou com poucos anos de fundação procuram uma resposta diferenciada para os problemas de suas áreas de atuação. Para isso, valem-se de ferramentas tecnológicas de ponta que se combinam entre soluções já existentes, gerando novos produtos ou processos, ou criam produtos, processos e projetos totalmente

---

2. CROSSAN, M. M.; APAYDUB, M. A multi-dimensional framework of organizational innovation: a systematic review of the literature. *Journal of Management Studies*, v. 47, n. 6, p. 1154-1191, 2010.
3. TUSHMAM, M.; NADLER, D. Organizando-se para a inovação. In: STARKEY, K. *Como as organizações aprendem*: relatos do sucesso das grandes empresas. São Paulo: Futura, 1997. p. 166-189.
4. BOWER, J. L.; CHRISTENSEN, C. M. Disruptive technologies: catching the wave. *Harvard Business Review*, v. 73, n. 1, p. 43-53, Jan.-Feb. 1995.

novos, diferentes, inimagináveis, como é o caso dos avanços do uso de robôs para realizar procedimentos cirúrgicos e uso de IA para criar um ecossistema *omnichannel* de atendimento ao cliente.

O processo de inovação pode ser melhorado significativamente com a adoção do design thinking, pois a abordagem humanista estimula a criatividade e permite que pessoas sejam ouvidas e observadas, padrões sejam desafiados e ideias sejam avaliadas a partir da elaboração e teste de protótipos.

Caso de Empreendedorismo Social
(ESG da ArcelorMittal e Petronas promovido pela FDC)

DESIGN THINKING COMO ABORDAGEM DE INOVAÇÃO COM PROPÓSITO

Por: Dr. Eduardo Penna de Sá
(Prof. na Fundação Dom Cabral – FDC)

PROJETO: ASSOCIAÇÃO DE COSTURA DE ITATIAIUÇU (EMPRESA DO TERCEIRO SETOR, COM FOCO NOS PILARES DE SUSTENTABILIDADE)

O setor têxtil tem grande impacto nas questões ambientais, desde os resíduos gerados pela produção até o fim da cadeia com o descarte dos tecidos que foram utilizados e serão substituídos. O descarte de tecidos é hoje um grande poluidor do meio ambiente, produzindo resíduos tóxicos em aterros sanitários, contaminando a terra e os lençóis de água.

Em grandes indústrias, e aqui destacamos ArcelorMittal e Petronas, envolvidas neste projeto, um grande problema enfrentado é a troca de uniformes de seus colaboradores e o descarte correto desses tecidos. O motivo é tanto o alto consumo de água para a produção de algodão quanto a produção do CO_2 no transporte das peças, assim como o longo processo de decomposição dos tecidos. Atualmente, uma das empresas tem mais de três mil e quinhentas unidades de uniformes antigos em seu almoxarifado e sem destinação, problema que decidiu explorar com mais profundidade. A projeção é que nos próximos dois anos sejam descartados mais de 8.500 uniformes. Atualmente não há uma destinação específica definida pelas empresas, o que gerou a oportunidade para desenvolver um projeto que trata de práticas de sustentabilidade (ESG) indo ao encontro das estratégias que as empresas procuram desenvolver.

A partir do uso do design thinking (DT) no Programa de Desenvolvimento de Executivos da Fundação Dom Cabral, o grupo formado por executivos das duas organizações criou o modelo de negócios de um empreendimento social, de geração de renda para mulheres de uma comunidade no entorno de uma das plantas da mineradora, para reaproveitamento de resíduos têxteis na confecção de produtos (p. ex., sacolas de tecido, bolsas etc.) que possam ser criados e comercializados. O projeto prevê o envolvimento das empresas na concepção do modelo de negócio, na preparação de espaços físicos, na formação das costureiras e gestoras do negócio, na disponibilização de maquinário e recursos digitais, além do acompanhamento e da sustentação do empreendimento social até que possa ser gerido pelas mulheres da comunidade de forma autônoma e sustentável. A ideia é que o negócio se pague a partir do terceiro ano de sua implementação, gerando renda para a comunidade local e trazendo uma solução para o desafio ambiental do descarte anual de uniformes.

O DT possibilitou o conhecimento profundo do problema e a cocriação de uma solução sustentável. Na primeira etapa do DT, em que os participantes do grupo de trabalho buscavam conhecer o problema, foi desenhado um mapa de contexto indicando as tendências de mercado relacionadas ao reaproveitamento de materiais têxteis. A partir daí foi realizado um encontro de *benchmarking* em uma cooperativa que conduz projeto semelhante com resíduos do setor automotivo, para entender os sucessos e os fracassos da experiência, servindo assim de base de observação. Posteriormente, foram realizadas reuniões online com especialistas que entendiam de empreendimentos sociais para aprofundar mais sobre possibilidades de solução. Uma vez realizado esse aprofundamento, foi traçado um **mapa das partes interessadas** (*stakeholders* estratégicos) que poderiam estar envolvidas no projeto, tendo algumas sido entrevistadas de forma remota e outras presencialmente. A partir daí foi possível desenhar o **mapa da empatia** para cada envolvido, bem como as características da persona de cada um deles, especificando as dores e os sentimentos sobre o problema apresentado e como esse *stakeholder* poderia agregar para o pensamento de uma solução cocriada.

Os *stakeholders* são as empresas envolvidas no fornecimento dos resíduos, as costureiras – que são as empreendedoras do projeto –, as redes de supermercado para comercialização de produtos e o consumidor final.

Após a fase de conhecimento do problema, iniciou-se a fase de prototipagem, partindo para uma solução, baseada na criação de uma Associação de Costura que irá produzir, utilizando os uniformes usados, alguns produtos como brindes, *ecobags* e bolsas conceito. Para o protótipo da solução, foi proposta a associação que usará uma alavancagem inicial de investimento das empresas parceiras para posteriormente conseguirem seguir de forma autônoma. O plano de implementação, como fase final do DT, foi realizado, já mostrando a estrutura de funcionamento, o desenho de *layout* e o levantamento de valores para os investimentos iniciais, cobertura de custos e despesas, necessários para colocar a associação em pleno funcionamento.

O projeto sugere grande geração de valor aos envolvidos, uma vez que atinge os pilares ESG no que tange ao meio ambiente e ao aspecto social, como também conduz à governança bem realizada das empresas envolvidas. Isso possibilita o desenvolvimento de uma economia circular baseada no reaproveitamento e na geração de oportunidades. Fatos estes levantados e possibilitados pelo uso do DT como metodologia que proporcionou o envolvimento de todos em um só propósito.

2.3 DESIGN THINKING COMO METODOLOGIA PARA SOLUÇÃO DE PROBLEMAS

Para fins didáticos, procuramos distinguir neste livro o DT como abordagem de inovação e o DT como metodologia para solução de problemas. Como vimos anteriormente, a inovação pode ser definida como a criação de algo totalmente novo (inovação descontínua, radical ou disruptiva) ou como a reorganização de ideias e a melhoria de produtos, processos, serviços e políticas (inovação incremental e sintética). Esse tipo de inovação não considera, necessariamente, a aprendizagem que ocorre durante o processo de inovar; o enfoque está centrado nos resultados da implementação de uma ou mais inovações.

O DT É ESPECIALMENTE INTERESSANTE SOBRETUDO PELO FATO DE AJUSTAR-SE BEM À SOLUÇÃO DOS CHAMADOS WICKED PROBLEMS (OU "PROBLEMAS COMPLEXOS", "DIFÍCEIS", "CAPCIOSOS", "MAL DEFINIDOS")

A **solução de problemas**, por sua vez, pode apoiar-se em abordagens tradicionais, cujo enfoque é a solução eficiente de um problema. Dessa maneira, determinado problema pode ser resolvido sem que uma inovação resulte do processo. E é pela avaliação dos resultados da solução implementada que se pode determinar se o problema foi realmente resolvido de forma eficaz.

Hoje, como sociedade, enfrentamos diversos problemas complexos, que podem ser identificados nas áreas de Tecnologia (relacionados a aspectos éticos, de direito à privacidade), de Saúde (acesso a atendimento de qualidade, cura de doenças) e Financeira (disponibilização de microcrédito), só para mencionar alguns exemplos. A capacidade de encontrar soluções para diferentes desafios é, por essa razão, fundamental para lideranças, gestores, especialistas e técnicos, e também para estudantes.

O DT é especialmente interessante sobretudo pelo fato de ajustar-se bem à solução dos chamados *wicked problems* (ou "problemas complexos", "difíceis", "capciosos", "mal definidos"). Esse conceito foi proposto por Rittel e Webber,[5] professores de Design e Planejamento Urbano na Universidade da Califórnia, em Berkeley, para designar problemas que: envolvem públicos com valores e interesses conflitantes, advêm de sistemas mal formulados, com informações confusas ou abstratas, ou podem ser ramificados para outros contextos ou sistemas sociais. Tais problemas aparecem especialmente na área de planejamento social e político, como, por exemplo, a localização ideal para uma estrada, o grau de ajuste nas taxas de imposto, as alterações nos currículos escolares ou as formas de confronto ao crime.

---

5. RITTEL, H. W. J.; WEBBER, M. M. Dilemmas in a general theory of planning. *Policy Sciences*, n. 4, p. 155-169, 1973.

O que faz do DT uma metodologia adequada à solução de problemas complexos? Basicamente, os design thinkers adotam um modo de pensar que os capacita a criar soluções desejáveis, viáveis e praticáveis. E como eles desenvolvem essa capacidade? Vamos pensar um pouco a respeito.

Já na década de 1970, Jerome Bruner[6] afirmava que o desafio de solucionar problemas, sem dúvida, está vinculado à observação e ao raciocínio. Mas o autor defendia também que a solução de problemas envolve uma espécie de "pitada" de adivinhação, à qual alguns autores se referem como "palpite" (do inglês, *cue*). Por trás dessa arte de adivinhar está a chamada **heurística** – uma estratégia ou sugestão geral, independentemente de qualquer tema ou disciplina em particular, que auxilia o sujeito a aproximar-se de um problema, compreendê-lo e direcionar seus recursos para resolvê-lo.

A heurística se diferencia dos algoritmos, que podem ser entendidos como conjuntos predeterminados e bem definidos de regras e processos destinados à solução de um grupo de problemas semelhantes, com um número finito de etapas. Algoritmos são procedimentos que envolvem conhecimentos adquiridos anteriormente, que permitem transformar a informação de maneira padronizada e eficaz, e por isso podem ser praticamente automatizados. A heurística, por sua vez, é vaga, intuitiva e especulativa, e não oferece garantia de sucesso, mas constitui a melhor forma de analisar e selecionar as variáveis de uma situação desconhecida.

Os tipos de heurística mais utilizados incluem: tentativa e erro, aproximações sucessivas, análise da relação meio/fins, decomposição do problema, procura de problemas análogos, descrição e/ou representação do problema de maneira explícita (tornando-o público) e aprimoramento paulatino da solução.

O DESIGN THINKING SE APRESENTA COMO METODOLOGIA ADEQUADA PORQUE PROPÕE A SOLUÇÃO DE PROBLEMAS A PARTIR DA PRÁTICA DA EMPATIA, A QUAL COLOCA AS PESSOAS ENVOLVIDAS NO CENTRO DO PROCESSO E DENTRO DO CONTEXTO EM QUE OCORRE A SITUAÇÃO DESAFIADORA

Daí a importância de uma abordagem de solução de problemas que permita lidar com a incerteza e conviver com os erros.

A seguir, apresentamos um caso que retrata como o design thinking pode ser usado para a solução de problemas complexos.

---

6. BRUNER, 1973 *apud* DAVIS, C.; NUNES, M. M. R.; NUNES, C. A. A. Metacognição e sucesso escolar: articulando teoria e prática. *Cadernos de Pesquisa*, v. 35, n. 125, p. 205-230, maio/ago. 2005.

Caso da Airbnb

DESIGN THINKING COMO METODOLOGIA PARA RESOLUÇÃO DE PROBLEMAS

PROJETO: DESIGN ENCONTRA A TECNOLOGIA NA AIRBNB

A Airbnb é uma plataforma para locação de imóveis por temporada que foi fundada em 2008. Um ano depois quase faliu, pois a *startup* ganhava somente 200 dólares semanais, o que não cobria nem os custos básicos de funcionamento. Ao usar as etapas do design thinking (DT) e estratégias como **pesquisa exploratória** e **imersão** para buscar entender como ajudar as pessoas a encontrar locais para alugar, o cofundador da empresa Joe Gebbia e seu time notaram que as imagens dos imóveis e quartos listados em Nova York eram de péssima qualidade e não permitiam que os clientes pudessem ver os detalhes do que estavam alugando.

Paul Graham, outro cofundador da Airbnb, decidiu ir até Nova York, alugar uma câmera e fotografar vários imóveis para fazer a substituição das imagens nos anúncios. Essa estratégia foi uma resposta às necessidades dos clientes, e, depois disso, a empresa investiu em usar o DT para entender o que os clientes desejavam e precisavam. Nos anos seguintes, o pensamento do design começou a integrar a cultura voltada para a geração da melhor experiência dos usuários da plataforma. O uso periódico do DT para resolver problemas fez com que os cofundadores transformassem uma empresa que faturava 200 dólares por semana em uma empresa com receita de mais 3 milhões de dólares por trimestre, no final de 2023.[7]

Nos últimos anos, a Airbnb tem integrado o uso de Inteligência Artificial (IA) com DT para criar soluções personalizadas em tempo real para usuários individuais, sejam hóspedes, sejam anfitriões. Por meio de "*loops* de resolução de problemas" alimentados por IA, a Airbnb coleta e analisa, em tempo real, dados das interações dos usuários com a plataforma. Com base nesses dados, os algoritmos de IA geram soluções personalizadas, incluindo recomendações de hospedagens, preços dinâmicos e experiências complementares. À medida que mais dados são coletados, esses *loops* de IA continuam a aprender e aprimorar as soluções projetadas.

Essa abordagem permite que a Airbnb escale massivamente a oferta de hospedagens únicas, resultando em uma experiência altamente personalizada para cada usuário. A sinergia entre os princípios fundamentais do DT (p. ex., foco no usuário, abordagem iterativa e pensamento abdutivo para criar soluções inovadoras) e a escala e o poder da IA não apenas facilitam a personalização em grande escala, mas também garantem que as soluções sejam continuamente refinadas e profundamente alinhadas com as necessidades e as expectativas dos usuários.

---

7. AFP. Airbnb atualiza plataforma após superar ano difícil. *Uol*, 08 nov. 2023. Disponível em: https://noticias.uol.com.br/ultimas-noticias/afp/2023/11/08/airbnb-atualiza-plataforma-apos-superar-ano-dificil.htm. Acesso em: 16 jan. 2025.

2.4 DESIGN THINKING COMO METODOLOGIA CRIATIVA DE APRENDIZAGEM

Na educação, existem diversas perspectivas relativamente conhecidas e voltadas à solução de problemas, especialmente aquelas focadas no processo de ensino-aprendizagem. Alguns exemplos incluem a aprendizagem baseada em problemas (nomenclatura autoexplicativa), aprendizagem baseada em projetos (também entendida como pedagogia de projetos) e estudos de caso. Essas estratégias são exemplos típicos das chamadas **metodologias ativas de aprendizagem**. Em várias delas, a aprendizagem se dá por meio de situações reais, que permitem aos estudantes articular a teoria aprendida nos cursos com a prática que irão encontrar em sua vida social ou no mercado de trabalho.

O design thinking pode ser considerado um ingrediente alternativo, que quebra a rigidez de abordagens pedagógicas centradas no ensino transmissivo. Como o DT é composto de um processo prático, colaborativo e interativo, quando é adotado como metodologia criativa de aprendizagem, permite que estudantes trabalhem em grupos e, de forma criativa, projetem soluções para problemas reais, identificados em um contexto específico. Com isso, conseguem atribuir sentido à teoria aprendida nos conteúdos curriculares ao confrontá-la com a prática encontrada na realidade investigada.

O DESIGN THINKING PODE SER CONSIDERADO UM INGREDIENTE ALTERNATIVO, QUE QUEBRA A RIGIDEZ DE ABORDAGENS PEDAGÓGICAS CENTRADAS NO ENSINO TRANSMISSIVO

Em projetos nos quais o DT é adotado como metodologia criativa de aprendizagem, os estudantes assumem papel ativo.

Isso porque os estudantes têm a possibilidade de não só propor soluções para um problema identificado, como também de prototipá-las. Assim, o aluno assume de fato o papel de protagonista: é um sujeito autônomo que deve assumir responsabilidade pelas decisões que envolvem sua aprendizagem. Além disso, é estimulado a experimentar, explorar e cocriar – aspectos bastante compatíveis com o pensamento de design, apresentado na introdução deste livro.

EM PROJETOS NOS QUAIS O DT FOI ADOTADO COMO METODOLOGIA CRIATIVA DE APRENDIZAGEM, OS ESTUDANTES ACABARAM EFETIVAMENTE ASSUMINDO PAPEL ATIVO EM SUA APRENDIZAGEM

Caso DT no Ensino Fundamental e Médio

DESIGN THINKING COMO METODOLOGIA CRIATIVA DE APRENDIZAGEM

Por: Prof. Patrick Duarte (doutorando em Educação pela Universidade de São Paulo – USP)

PROJETO: DT NA ESCOLA

Tenho trabalhado com estudantes do Ensino Fundamental II e do Ensino Médio na escola em que atuo como professor em São Caetano do Sul (SP) utilizando design thinking (DT) há vários anos. Sempre iniciamos oferecendo uma oficina de quatro horas na qual os estudantes passam rapidamente pelas etapas "Compreender o Problema", "Projetar Soluções" e "Prototipar". Dessa maneira, eles conhecem a metodologia antes de começarmos a pensar no projeto que será desenvolvido ao longo de oito semanas. Além de servir como uma primeira aproximação para os estudantes, o clima criado com a oferta da oficina também serve para conscientizar os pais/responsáveis a respeito da importância das atividades que serão produzidas ao longo das próximas semanas, já que, como se trata de adolescentes, os pais/responsáveis sempre querem saber o motivo de não estarmos tendo "aulas regulares".

A escolha do projeto sempre parte de algo que possa ser significativo para toda a comunidade escolar. Assim, a participação e a aceitação de professores de outras disciplinas acabam acontecendo de forma fluida e sem a necessidade de "imposição" por parte da coordenação ou direção da escola. Se há um calendário para feira de ciências, exposição cultural ou algo do gênero, costumamos utilizar essas "datas magnas" para a escola como *deadline* para a entrega do protótipo e a apresentação final. Se não há, é possível trabalhar com um projeto por bimestre (totalizando quatro durante o ano).

Para que seja algo pertinente à realidade dos alunos, escolhemos um desafio e o contexto em conjunto com a sala. Partindo dos Objetivos de Desenvolvimento Sustentável (ODS) da Organização das Nações Unidas (ONU), eles escolhem qual setor/campo gostariam de trabalhar: lar de idosos, abrigos para crianças, entidades que realizam cuidados com animais, comércios no entorno da escola, feiras livres, setores da própria escola (secretaria, estoque, limpeza, informática), entre outros.

O trabalho com DT é realizado ao longo de oito semanas:

- **1ª semana:** aproximação ao tema com observação e escuta do público-alvo.
- **2ª semana:** definição do problema que será trabalhado por cada grupo.
- **3ª semana:** desenvolvimento de estudos e pesquisas sobre a(s) temática(s) que está(ão) envolvida(s) na resolução do problema. Uso das estratégias de **entrevista empática**, **pesquisa**

exploratória, mapa da empatia e ***brainstorming***. Nessa semana, a interdisciplinaridade vem à tona: os professores que ministram outras disciplinas no colégio são inseridos no contexto do projeto e os estudantes são encorajados a procurá-los para tirar suas dúvidas (professores de Física, Química, Matemática e até de línguas estrangeiras são procurados).

- **4ª semana:** momento em que os estudantes apresentam uma prévia do que pensaram em elaborar por meio da **prototipagem rápida** junto aos colegas de sala. Nesse momento, usamos a estratégia **rodada com especialistas**, convidando professores da própria escola e membros da comunidade (principalmente quando o projeto envolve demandas para a própria comunidade).
- **5ª semana:** retomada do projeto com as adequações e as considerações das discussões realizadas na 4ª semana.
- **6ª semana:** apresentação da primeira versão do protótipo ao público-alvo (pessoas que fazem parte da comunidade, setores da escola, ONGs, entre outros).
- **7ª semana:** redefinição do protótipo após as considerações do público-alvo.
- **8ª semana:** apresentação final do protótipo.

Ao longo dos anos, temos tido resultados muito significativos. Um deles, o projeto "Missão Cidadão", realizado com estudantes do 6º ano, foi relevante, pois conseguiram entregar as propostas de políticas públicas na Câmara de Vereadores de São Caetano do Sul e tiveram suas demandas atendidas: calçadas acessíveis, retirada de veículos abandonados da via, patrulhas da Guarda Civil Municipal em prédios abandonados, entre outras.

No projeto "CriAtivando São José", os estudantes da 2ª série do Ensino Médio desenvolveram um portal para os comerciantes de um bairro de São Caetano do Sul chamado São José. Após a visita à feira livre do bairro, os estudantes identificaram problemas a partir das entrevistas realizadas com moradores e comerciantes; com isso, desenvolveram uma página no Facebook e fizeram a gestão de campanhas publicitárias, negociaram descontos, visitaram lojas e criaram uma rede de apoio entre os próprios comerciantes. Após a entrega do projeto como parte das avaliações na escola, os alunos entregaram a gestão da página para os próprios comerciantes que, por sua vez, continuaram a utilizá-la.

Por fim, o projeto "Sangue do Bem" foi desenvolvido por estudantes da 1ª série do Ensino Médio com o objetivo de conscientizar sobre a importância da doação de sangue. A partir de uma visita ao banco de sangue da cidade (Colsan), os alunos ouviram doadores, enfermeiros e médicos, e criaram um aplicativo e uma campanha para conscientizar possíveis doadores. A etapa de testagem aconteceu em uma estação de trem e em uma rodoviária. Mobilizamos a CPTM (companhia de trens metropolitanos de São Paulo) e o terminal rodoviário da cidade de São Caetano do Sul, e a escola permitiu que levássemos os alunos para conversar com os passageiros para que eles divulgassem o aplicativo e os dados de estoque do banco de sangue da cidade. Ao final, além da apresentação formal na escola, tivemos a visita de uma representante do banco de sangue estadual (Fundação Pró-sangue) que ficou interessada no projeto.

NESTE CAPÍTULO conhecemos as três principais aplicações do DT no campo da educação: abordagem de inovação, metodologia para solução de problemas difíceis ou mal definidos e metodologia criativa de aprendizagem. Ao conhecer as características de cada aplicação e exemplos de seu uso no campo, relatados nos casos, ficou evidente que as três aplicações estão, em alguma medida, articuladas.

A possibilidade de as pessoas envolvidas em um projeto desenvolvido a partir do DT vivenciarem essas três aplicações enriquece o processo. No próximo capítulo, compreenderemos quem são essas pessoas e o papel desempenhado por elas em um projeto.

03

QUEM FAZ O DESIGN THINKING?

Neste capítulo, exploramos o fator humano no design thinking, descrevendo quem são as pessoas envolvidas no desenvolvimento de um projeto segundo essa abordagem e quais são as atividades relacionadas à aplicação dela.

Ressaltamos aqui um dos princípios mais importantes do DT: o fato de ser totalmente centrado no ser humano. Daí a importância de entender o papel das pessoas nessa abordagem, o que justifica o foco deste capítulo no tema.

3.1 O PROFISSIONAL DE DESIGN

O profissional de design, o designer, surgiu somente no século XVIII, nos preâmbulos da Revolução Industrial, quando ocorreu a transição do modelo de produção artesanal para a manufatura industrial. Nesse período, o designer iniciou sua atuação desenhando projetos de artefatos que seriam produzidos de forma massificada. Com o passar dos anos, o perfil desse profissional foi-se ampliando, e como consequência testemunhamos o surgimento de novos campos de design. De toda forma, pensando objetivamente, adotamos aqui a definição de Herbert Simon,[1] para quem o designer é aquele que projeta soluções visando transformar as situações existentes em situações melhores ou preferidas.

Em consonância com esta visão, qualquer designer estaria apto, devido às competências que adquiriu no exercício de sua profissão, a trabalhar em um projeto a partir da perspectiva do DT. Para atuar em qualquer área do design, é necessário que esse profissional tenha conhecimentos, habilidades e capacidades técnicas relacionadas ao seu modo de pensar ou ao pensamento de design. Tanto designers gráficos como industriais, de moda, de joias, de interação, enfim, todos aqueles que tiveram uma formação acadêmica no campo do design,

1. SIMON, H. A. *As ciências do artificial*. Coimbra: Arménio Amado, 1981.

sabem aplicar o pensamento do design em suas atividades profissionais. Em resumo, eles adotam o pensamento do design para resolver problemas e inovar e, por isso, podem e devem participar de projetos desenvolvidos a partir da perspectiva do DT.

3.2 DESIGN PARA TODOS

Avançando um pouco mais nessa discussão, Cross[2] sugere que o conhecimento do design reside especialmente no designer, mas também pertence a todos que aqueles que, de alguma forma, ajudam a projetar soluções. Sua afirmação está embasada na premissa de que projetar é uma capacidade natural do ser humano.

Dito isso, surge a questão: é preciso ser designer para estar envolvido e contribuir de forma efetiva em um projeto no qual se adota a abordagem do DT?

TANTO DESIGNERS GRÁFICOS COMO INDUSTRIAIS, DE MODA, DE JOIAS, DE INTERAÇÃO, ENFIM, TODOS AQUELES QUE TIVERAM UMA FORMAÇÃO ACADÊMICA NO CAMPO DO DESIGN, SABEM APLICAR O PENSAMENTO DO DESIGN EM SUAS ATIVIDADES PROFISSIONAIS. ELES ADOTAM O PENSAMENTO DO DESIGN PARA RESOLVER PROBLEMAS E INOVAR E, POR ISSO, PODEM E DEVEM PARTICIPAR DE PROJETOS DESENVOLVIDOS A PARTIR DA PERSPECTIVA DO DT

Bem, em primeiro lugar, é preciso observar que, em projetos colaborativos desenvolvidos a partir da perspectiva do DT, espera-se que as fronteiras das áreas de conhecimento e atuação profissional sejam transpostas. Isso vale para todos os campos de aplicação do DT, porque traz maior diversidade e riqueza de visões, estimulando diferentes tipos de pensamento e incentivando a criatividade e a inovação.[3]

Nesse compartilhamento de atividades e responsabilidades, o trabalho individual é substituído pelo trabalho em grupo, de modo que profissionais com personalidades, formações acadêmicas e experiências profissionais variadas atuam em conjunto e participam ativamente da projeção de soluções inovadoras. Sendo assim, no DT não há espaço para sucessos particulares, pois a chave do sucesso no uso da abordagem está embasada na prática da cocriação. É pela combinação de perspectivas de todos os agentes envolvidos que se torna possível obter os melhores resultados.

---

2. CROSS, N. *Designerly ways of knowing*. London: Springer, 2006.
3. BRENNER, W.; UEBERNICKEL, F. (Orgs.) *Design thinking for innovation*: research and practice. Ebook. Springer, 2016.

NO DT NÃO HÁ ESPAÇO PARA SUCESSOS PARTICULARES, POIS A CHAVE DO SUCESSO NO USO DA ABORDAGEM ESTÁ EMBASADA NA PRÁTICA DA COCRIAÇÃO. É PELA COMBINAÇÃO DE PERSPECTIVAS DE TODOS OS AGENTES ENVOLVIDOS QUE SE TORNA POSSÍVEL OBTER OS MELHORES RESULTADOS

Com base nessa declaração, apresentamos a seguir as características das pessoas envolvidas no DT, bem como a forma de interação entre elas.

3.3 O LÍDER DE PROJETO

O **líder de projeto** é, preferencialmente, um gestor ou um líder institucional para coordenar um grupo de design thinkers durante o desenvolvimento de um projeto. Geralmente é um profissional experiente, carismático e reconhecido pelos pares por já ter realizado projetos relevantes no campo da educação. O fato de o líder de projeto ser valorizado na instituição ajuda o grupo de design thinkers a contatar as demais partes interessadas e a realizar a necessária coleta de dados para promover a compreensão empática do problema analisado.

Mesmo com todas essas qualidades, o líder de projeto não precisa necessariamente ter formação no campo de design. O fundamental é que tenha conhecimento e certa experiência na adoção do modo de pensar, do processo e das estratégias do DT. Assim, se em determinada instituição não houver um gestor ou profissional com esse perfil, talvez compense investir na formação de um líder de projeto. De seus conhecimentos, intuição e até mesmo maneira de conduzir e facilitar o processo de design depende a criação de um ambiente propício para a colaboração, o compartilhamento de ideias e a obtenção de resultados ao final do processo.

O LÍDER DE PROJETO NÃO PRECISA NECESSARIAMENTE TER FORMAÇÃO NO CAMPO DE DESIGN. O FUNDAMENTAL É QUE TENHA CONHECIMENTO E CERTA EXPERIÊNCIA NA ADOÇÃO DO MODO DE PENSAR, DO PROCESSO E DAS ESTRATÉGIAS DO DT

Entre as atividades desempenhadas pelo líder, destacamos:

- escolher os design thinkers que irão compor o grupo de trabalho em determinado projeto (ver orientações sobre como isso pode ser feito no item 3.4 deste capítulo);
- orientá-los com relação ao modo de pensar, ao processo e às estratégias do DT;
- preparar o cronograma de trabalho com prazos claros para o começo e o término de cada etapa do projeto;
- atuar como líder participativo, observando que sua liderança não visa dar respostas ou "ordens" para os design thinkers, mas coordenar a participação de pessoas com perfis, interesses e formações diferentes;
- motivar a equipe de design thinkers para que se engajem ativamente na obtenção dos resultados esperados;
- convocar e coordenar as reuniões realizadas pela equipe;
- facilitar as atividades a serem realizadas nas reuniões internas e em ambientes externos a partir das estratégias de DT, intermediando a comunicação entre as partes interessadas quando necessário;
- prover *feedback* para os gestores da instituição sobre o andamento do projeto sempre que solicitado.

O líder de projeto faz uma ponte entre as pessoas que adotam o DT e os gestores da instituição. Está envolvido em todas as etapas do processo: compreender o problema, projetar soluções, prototipar e implementar a melhor opção, conforme detalhado no Capítulo 4.

Sua atuação é especialmente relevante em momentos em que há necessidade clara de:

- estabelecer definições (como a **Definição do desafio estratégico**);
- planejar ações (como no **Plano de coleta de dados**, no **Plano de implementação** e no **Plano de projeto-piloto**);
- orientar a realização de atividades de análise de dados (como no **Mapa da empatia**, na ***Persona*** e na **Matriz de *feedback***);
- facilitar atividades de criação (como no caso do ***Brainstorming*** e da **Prototipagem rápida**), só para citar algumas.

3.4 DESIGN THINKERS – AS PESSOAS DIRETAMENTE ENVOLVIDAS NO DT

A abordagem do DT assume que um grupo de pessoas é, ou deveria ser, mais inteligente que um indivíduo. Por isso, um dos elementos essenciais para trabalhar com DT é que exista um grupo de pessoas diretamente envolvidas no processo. Tais pessoas são chamadas de **design thinkers**. São membros de uma equipe interdisciplinar, geralmente convocada pelo líder de projeto, que irá atuar de forma direta e por um período delimitado em um projeto específico.

NO DT, A IDEIA É UNIR A VISÃO DE PESSOAS QUE SABEM TRABALHAR COLABORATIVAMENTE E TÊM UMA COMPREENSÃO RAZOÁVEL DAS ETAPAS DA ABORDAGEM

Preferencialmente, os design thinkers devem ter personalidades, formações acadêmicas e experiências profissionais variadas. E o grupo interdisciplinar não precisa necessariamente ser composto de especialistas na área do problema que está sendo solucionado. Isso significa que o enfoque não está em designers geniais, que sejam capazes de resolver uma problemática a partir de suas competências técnicas. Se fosse assim, talvez a própria experiência do líder de projeto já seria suficiente para a concepção de uma solução ou proposta inovadora. Mas esse não é o caso; no DT, a ideia é unir a visão de pessoas que sabem trabalhar colaborativamente e têm uma compreensão razoável das etapas da abordagem. De toda forma, a perspectiva do especialista no assunto analisado não é descartada, apenas ela não é a única nem a mais importante em um grupo de design thinkers, conforme veremos neste capítulo.

O pressuposto é que todos os envolvidos diretamente no processo de DT podem ser considerados design thinkers, mesmo que não tenham formação acadêmica no campo do design. Essas pessoas apresentam algumas características em comum:

- buscam a solução de problemas;
- olham para os problemas sob diversas perspectivas;
- aproximam-se das soluções a partir do trabalho colaborativo;
- utilizam estratégias que estimulam a criatividade;
- almejam a integração de ideias, ou seja, a cocriação;
- demonstram empatia;
- têm capacidade de síntese;
- usam linguagem não verbal e adotam ferramentas visuais para se comunicar (são os chamados *visual thinkers*);
- adotam diferentes modos de pensar (como o pensamento colaborativo e o pensamento abdutivo, por exemplo);
- têm habilidade de pensar em cenários futuros;
- avaliam o processo de design constantemente e refletem sobre ele.

Em resumo, os design thinkers adotam o modo de pensar e agir dos designers e participam de todas as etapas do DT – compreender o problema, projetar soluções, prototipar, implementar a melhor opção – e de suas respectivas estratégias.

No entanto, a tarefa de formar uma equipe de design thinkers com essas características pode ser realmente desafiadora para o líder de projeto. Mais que isso, a decisão de quem irá compor um grupo de trabalho é fundamental para o sucesso de um projeto.

Assim, que diretrizes podem ser elencadas para a formulação de um grupo? Bem, existem algumas perspectivas, as quais serão apresentadas a seguir.

3.4.1 Grupos inteligentes

O líder de projeto precisa ser capaz de criar grupos inteligentes para atuar em DT. Brown[4] defende que, para entender o que é um grupo inteligente, é preciso, primeiramente, entender a diferença entre grupos multidisciplinares (tradicionais) e interdisciplinares (inteligentes).

No primeiro grupo, cada pessoa defende sua própria especialidade técnica e não encontra correlação entre seus próprios conhecimentos e os saberes de outros membros do grupo. Projetos desenvolvidos por grupos multidisciplinares acabam se transformando em longos processos de negociação para que no fim, mesmo sem concordar, os membros do grupo acabem chegando a um acordo, mesmo que não o aprovem completamente.

> EM GRUPOS INTERDISCIPLINARES, EXISTE UM ESFORÇO COLETIVO PARA QUE OCORRA A COCRIAÇÃO. DESSA FORMA, TODOS SE SENTEM DONOS DAS IDEIAS CONCEBIDAS

No segundo grupo, os componentes também têm formações variadas, mas desejam aprender e criar soluções a partir da articulação dos conhecimentos e experiências de cada membro. Em grupos interdisciplinares, existe um esforço coletivo para que ocorra a cocriação. Dessa forma, todos se sentem donos das ideias concebidas e assumem a responsabilidade pelas decisões tomadas de forma coletiva.

Um grupo inteligente não precisa ser muito grande. Uma equipe com seis a oito integrantes consegue desenvolver um projeto a partir da abordagem do DT – especialmente quando falamos sobre as etapas que demandam a empatia, a criação e a prototipagem. Talvez na etapa de implementação seja necessário envolver mais pessoas. Mas isso pode variar dependendo da característica do projeto.

---

4. BROWN, T. *Design thinking*: uma metodologia poderosa para decretar o fim das velhas ideias. Rio de Janeiro: Elsevier, 2010.

3.4.2 Pessoas em forma de T

Criar um grupo inteligente é um grande desafio. Pessoas com diversas formações e provenientes de uma multiplicidade de áreas precisam ser confiantes o suficiente em seus conhecimentos e especialidades para estarem dispostas a aceitar que, em um projeto colaborativo, outros membros do grupo criem a partir de seus conhecimentos. Pessoas com essas características são denominadas **pessoas em forma de T**,[5] para designar aquelas pessoas com profundidade em sua área de especialização disciplinar – o eixo vertical –, mas que tenham amplitude em competências variadas para que possam fazer contribuições tangíveis e amplas em questões interdisciplinares – o eixo horizontal. A Figura 3.1 representa graficamente esse perfil.

FIGURA 3.1 Pessoas em forma de T

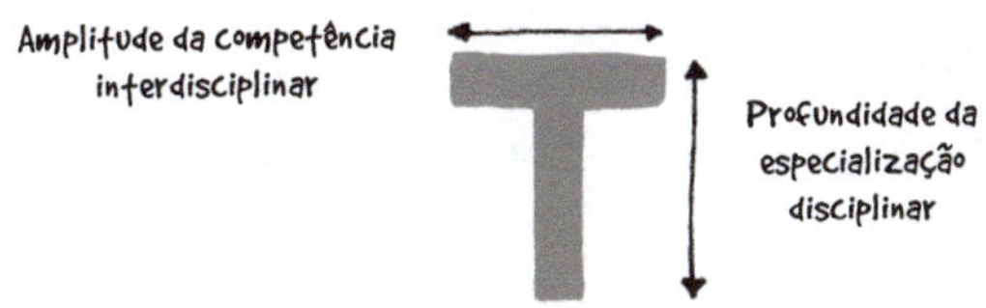

Fonte: adaptada de BROWN, 2010.

Assim, quando um projeto de DT é desenvolvido por "pessoas em forma de T" articuladas em grupos inteligentes, podemos dizer que são maiores as chances de os objetivos propostos serem alcançados.

3.5 *STAKEHOLDERS* – AS PARTES INTERESSADAS

Stakeholders é o termo em inglês usado para designar "todos os envolvidos" ou "todos os interessados" em determinada ação, estratégia, produto, serviço ou artefato. Envolve todas as pessoas, grupos ou organizações que participam direta ou indiretamente de um projeto ou são por ele envolvidos ou afetados de alguma forma.

É IMPORTANTE IDENTIFICAR LOGO NO INÍCIO DO PROJETO DE DT QUEM SÃO AS PARTES INTERESSADAS, OU SEJA, AS PESSOAS, OS GRUPOS OU AS INSTITUIÇÕES QUE TÊM INTERESSE, ENVOLVIMENTO OU IMPACTO NO PROBLEMA OU CONTEXTO ANALISADO

5. BROWN, 2010.

Os design thinkers, especificamente, podem ou não ser partes interessadas. Se um projeto é desenvolvido internamente na instituição, é bastante provável que grande parte dos design thinkers convidados a atuar no projeto também esteja envolvida de alguma forma no contexto analisado. Se o projeto for desenvolvido por uma equipe terceirizada de design thinkers, o que ocorre com certa frequência, considera-se que os design thinkers não são partes interessadas no contexto analisado.

Dito isso, é importante identificar logo no início do projeto de DT quem são as partes interessadas, ou seja, as pessoas, os grupos ou as instituições que têm interesse, envolvimento ou impacto no problema ou contexto analisado. Essa identificação é necessária logo no princípio, pois durante as etapas do DT é preciso convidar representantes das partes interessadas para que sejam ouvidos e participem da coleta de dados, da criação de soluções e até mesmo da elaboração e validação dos protótipos.

Para identificar as partes interessadas e entender o nível de envolvimento de cada uma delas no contexto analisado, pode-se usar a **matriz das partes interessadas**, que indica pessoas, grupos ou organizações do ambiente interno e externo afetados direta ou indiretamente pelo problema focado no projeto de DT.

Os vários momentos em que representantes das partes interessadas são convidados a participar do projeto estão previstos nas estratégias de DT apresentadas no final do livro e vão desde a etapa de compreender o problema até a de implementar a melhor opção.

É importante observar que as estratégias do DT são simples o bastante para que as partes interessadas sejam capazes de "acoplar-se" ao grupo de design thinkers, participando em momentos específicos do processo. Dessa forma, elas não precisam ter uma compreensão profunda do que é design thinking, de suas etapas ou do modo de pensar dos designers. O que precisam conhecer é o contexto analisado e os desafios e problemas vivenciados em seu cotidiano.

AS ESTRATÉGIAS DO DT SÃO SIMPLES O BASTANTE PARA QUE AS PARTES INTERESSADAS SEJAM CAPAZES DE "ACOPLAR-SE" AO GRUPO DE DESIGN THINKERS, PARTICIPANDO EM MOMENTOS ESPECÍFICOS DO PROCESSO

Com essas informações em mãos, os design thinkers têm condições de avançar nas etapas do DT, passando por todo o processo.

A escolha de representantes das partes interessadas para participar de momentos específicos do processo de DT deve ser feita a partir do princípio da heterogeneidade.

Ou seja, é importante convidar pessoas que tenham **visões extremas** do contexto analisado: algumas que estão muito familiarizadas com a situação e outras que conhecem muito pouco a respeito.

O contraste entre a visão dos chamados **usuários extremos** – por exemplo, um especialista altamente familiarizado com o contexto e um leigo pouco familiarizado com o tema – ajuda os design thinkers a obterem uma visão mais ampla do problema em questão.

FIGURA 3.2 Visões contrastantes das partes interessadas

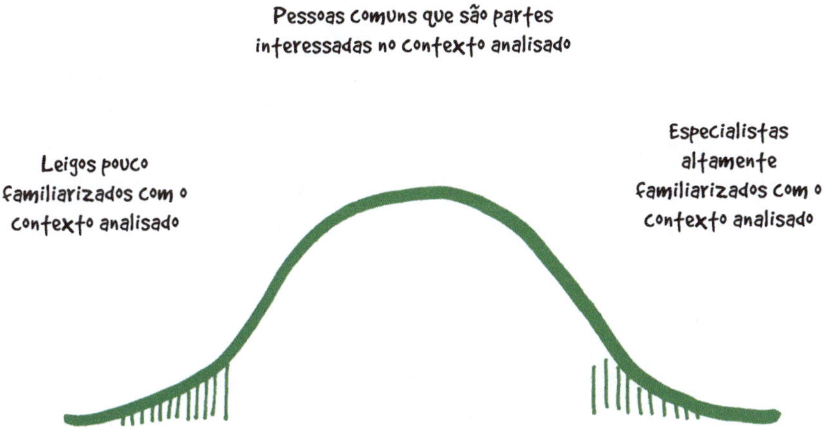

Fonte: adaptada de IDEO, 2009; D.SCHOOL, 2011.

3.6 PRESTADORES DE SERVIÇO

Por vezes, os gestores ou líderes institucionais podem estar convencidos do potencial do DT para lidar com um desafio identificado na organização, mas percebem que não existem pessoas preparadas ou experientes para coordenar o projeto internamente. Nesses casos, ou em outros que envolvam especialidades técnicas ou científicas, talvez seja necessário contratar prestadores de serviço para colaborar em áreas críticas durante o projeto.

Geralmente, os prestadores de serviço atuam das formas descritas a seguir, em grupos de projetos que adotam a abordagem de DT.

- **Grupo de design thinkers consultores** – são contratados pela instituição para analisar um contexto específico e propor soluções a partir do DT. Nesse caso, os design thinkers não são partes interessadas do contexto analisado, mas podem atuar no projeto temporariamente até que a própria instituição desenvolva seus design thinkers para tomar seu lugar neste ou em projetos futuros.
- **Consultor individual líder de projeto** – trabalha em parceria com os colaboradores internos da instituição que assumem o papel de design thinkers. Nesse caso, os design

thinkers são considerados partes interessadas. Além de coordenar um projeto, esse consultor externo deve formar um design thinker indicado pela instituição para que se torne um líder em futuros projetos de DT.

- **Especialistas externos** – são convidados a avaliar as soluções criadas pelos design thinkers, pois possuem conhecimento técnico e experiência comprovada no tema abordado no projeto. Esses especialistas se diferenciam daqueles que são representantes das partes interessadas, pois não estão envolvidos diretamente no contexto analisado.
- **Equipe técnica para melhoria de protótipos** – existem protótipos que necessitam de melhorias técnicas antes de serem testados pelas partes interessadas. Nesses casos, é comum contratar prestadores especializados no desenvolvimento de protótipos (como, por exemplo, desenhistas, web designers, arquitetos, engenheiros etc.) a fim de elaborar uma versão final dos protótipos criados de maneira mais artesanal pelos design thinkers. Esses prestadores não modificam as soluções criadas pelos design thinkers, mas preparam representações visuais e concretas mais adequadas das soluções, para que estas sejam rapidamente compreendidas pelas partes interessadas durante a testagem dos protótipos.

NESTE CAPÍTULO apresentamos as pessoas que estão, de alguma forma, envolvidas em um projeto concebido a partir da abordagem do design thinking – o gestor ou líder institucional, o líder de projeto, os design thinkers, as partes interessadas e os prestadores de serviço que eventualmente colaboram no projeto.

Conhecer o papel desempenhado por essas pessoas é fundamental para o processo de geração de soluções inovadoras, para a resolução de problemas e quando se adota o DT como metodologia criativa de aprendizagem, uma vez que todo o processo de DT é centrado no ser humano.

O capítulo a seguir detalha as etapas do design thinking, possibilitando uma compreensão mais clara de como esses diferentes atores interagem no fluxo de atividades que compõem o DT.

04

COMO UTILIZAR O DESIGN THINKING?

Neste capítulo, abordamos de forma mais direta o processo e os métodos utilizados no design thinking. Situamos nas etapas dessa abordagem as estratégias que serão apresentadas com mais detalhes ao final do livro, como, por exemplo, Definição de desafio estratégico, Organização de conhecimentos prévios, Entrevista empática, *Persona*, *Brainstorming*, Prototipagem empática, Matriz de *feedback* e Plano de aprendizagem, entre outras.[1]

4.1 BREVE RETOMADA DOS CONCEITOS APRESENTADOS

No Capítulo 1, analisamos as perspectivas da Ideo (*HCD Toolkit*)[2] e da d.school (*Bootcamp Bootleg*)[3] para o design thinking, as quais têm sido amplamente usadas por organizações, instituições sociais e órgãos de governo para solucionar problemas e inovar.

Articulando essas perspectivas, propomos as seguintes etapas, embasadas nas diferentes aplicações do DT apresentadas neste livro:

---

1. Neste capítulo e em todo o livro, as estratégias aparecem destacadas para que o leitor verifique onde se encaixam no processo de DT.
2. IDEO. *HCD Toolkit*. Palo Alto: Ideo, 2009.
3. D.SCHOOL. *Bootcamp Bootleg*. Palo Alto: Hasso Plattner Institute of Design at Stanford, 2011. p. 1-44.

FIGURA 4.1 As quatro etapas do design thinking

Fonte: elaborada pelas autoras.

O DT se diferencia de outras abordagens para a solução de problemas, a geração de inovações e a aprendizagem criativa justamente porque possibilita que, durante o desenvolvimento de um projeto, uma gama de estratégias que fazem uso da criatividade e da intuição sejam adotadas.

> O DT SE DIFERENCIA DE OUTRAS ABORDAGENS PARA A SOLUÇÃO DE PROBLEMAS, A GERAÇÃO DE INOVAÇÕES E A APRENDIZAGEM CRIATIVA JUSTAMENTE PORQUE POSSIBILITA QUE, DURANTE O DESENVOLVIMENTO DE UM PROJETO, UMA GAMA DE ESTRATÉGIAS QUE FAZEM USO DA CRIATIVIDADE E DA INTUIÇÃO SEJAM ADOTADAS

Neste capítulo, descrevemos como o processo de design thinking pode ser adotado em diversos contextos organizacionais. As orientações encontradas a seguir são complementadas pelo roteiro de estratégias apresentadas ao final do livro.

Com isso, esperamos que você seja capaz de adotar, de forma efetiva, a abordagem de DT em variados contextos para gerar inovação, solucionar problemas e também como metodologia criativa de aprendizagem.

4.2 ANTES DE COMEÇAR

Antes de contemplar as quatro etapas de DT propriamente ditas, é importante ressaltar que todo o processo dessa abordagem é desencadeado com base em cinco definições.

- **Escopo** – corresponde ao alcance e aos limites do projeto, que são estabelecidos por meio da **Definição do desafio estratégico** (estratégia 01), uma frase que indica um problema enfrentado por um grupo de pessoas ou uma oportunidade que a instituição educacional queira explorar.
- **Pessoas** – trata-se das pessoas relacionadas ao projeto, conforme vimos no Capítulo 3. Além do gestor ou líder institucional que dispara o início do projeto, há:
  - líder de projeto – o coordenador e facilitador do projeto;
  - design thinkers – as pessoas que são convidadas para compor o grupo heterogêneo que participa do desenvolvimento do projeto;
  - *stakeholders* – as partes interessadas que, de alguma forma, impactam ou são impactadas pelo problema analisado;
  - representantes das partes interessadas – aqueles que estarão diretamente envolvidos no projeto de DT durante a aplicação de estratégias como **Pesquisa exploratória**, **Imersão**, **Entrevista empática**, **Autodocumentação**, **Projeto participativo**, **Prototipagem colaborativa**, **Teste do protótipo** e **Matriz de *feedback*** (estratégias 05, 06, 07, 08, 17, 20, 22 e 23, respectivamente).
  - especialistas (externos ou representantes das partes interessadas) – convidados para participar da **Rodada com especialistas** (estratégia 21), na qual avaliam e sugerem melhorias para os protótipos apresentados pelos design thinkers.
- **Espaço** – diz respeito ao local de trabalho específico onde os design thinkers realizarão as reuniões de planejamento, análise de dados, criação, prototipagem, com a coordenação e facilitação do líder de projeto. Nesse espaço, são armazenados os dados coletados e analisados, assim como os conteúdos produzidos e organizados de forma visualmente estruturada durante o andamento do projeto. Se o projeto for realizado a distância, o espaço de trabalho deve ser um ambiente virtual que conte com ferramentas de armazenamento e colaboração por meio das quais informações, imagens, vídeos e opiniões possam ser produzidos e compartilhados.
- **Cronograma** – o líder de projeto deve definir os prazos para o desenvolvimento de cada etapa. Para isso, é necessário que prepare um cronograma e, na primeira reunião com o grupo de design thinkers, apresente as datas específicas e os objetivos de cada etapa.
- **Materiais** – o pensamento de design é estimulado pela adoção de estratégias que demandam o uso de objetos, equipamentos e instrumentos que permitam a compilação de dados e a representação visual de ideias. Com essa finalidade, é importante ressaltar que:

- o grupo de design thinkers precisa ter à disposição materiais físicos como: post-its® ou blocos de notas autoadesivas, cartões, blocos de notas comuns, cartolina, *flip-chart*, canetinha, pincel atômico, caneta, fita adesiva, clipes, tesoura, cola, entre outros;
- recursos tecnológicos podem auxiliar nesse processo (especialmente quando o projeto de DT é realizado em contextos nos quais os design thinkers estão separados fisicamente). Alguns exemplos de recursos tecnológicos são: computadores, dispositivos móveis, aplicativos de produtividade, tela digital, ambientes virtuais para compartilhamento de informações (como os editores colaborativos de texto), espaços tecnológicos para realizar anotações, *softwares* para a realização de webconferências e para a prototipagem, entre outros.

A partir dessas definições, é possível começar a desenvolver um projeto adotando o processo e as estratégias de DT.

4.3 COMPREENDER O PROBLEMA

A primeira etapa do DT é **compreender o problema** que foi estabelecido pela **Definição do desafio estratégico** (estratégia 01). Essa etapa é dividida em três momentos:

1. organização de conhecimentos prévios;
2. imersão no contexto analisado para coleta de informações;
3. análise dos dados coletados.

O trabalho dos design thinkers começa de fato quando eles fazem um levantamento inicial de tudo o que sabem sobre o contexto do desafio estratégico. Para isso, devem realizar a **Organização de conhecimentos prévios** (estratégia 02). Nesse momento, identificam aspectos do contexto que podem ajudar na compreensão do problema a ser resolvido. Em seguida, por meio de **Pesquisa exploratória** (estratégia 04), fazem um reconhecimento geral do campo. Eles também preparam um **Plano de coleta de dados** (estratégia 05), que é um documento no qual registram como irão se organizar para coletar dados via imersão, entrevista e autodocumentação. Por fim, vão efetivamente a campo para observar o comportamento e o contexto dos sujeitos impactados pelo desafio estratégico: os *stakeholders* (as partes interessadas) ao utilizar as técnicas **Imersão** (estratégia 06), **Entrevista empática** (estratégia 07) e **Autodocumentação** (estratégia 08).

Durante a coleta de dados, os design thinkers se dividem para interagir, observar, conversar com representantes das partes interessadas a fim de conhecer com profundidade os desafios enfrentados no dia a dia. Outrossim, é necessário participar das experiências dessas pessoas e tentar descobrir necessidades que talvez nem elas próprias saibam que têm.

Nessas primeiras etapas, os design thinkers estruturam a coleta de dados e, durante a observação de realidades diversas das partes interessadas, buscam entender o desafio estratégico sob variadas perspectivas. Nesse momento é importante ouvir histórias, observar a interação entre as pessoas e conhecer suas necessidades e expectativas.

Aqui a palavra-chave é **empatia**, ou seja, a capacidade de se colocar no lugar do outro e entender sua realidade sem julgar suas atitudes e palavras ou as circunstâncias. A empatia é o fundamento da etapa do design thinking chamada de *compreender o problema*, pois é o que permite que uma solução criada seja realmente centrada no ser humano. Uma atitude empática envolve:

- **observar** – considerar a perspectiva de todos os envolvidos no desafio estratégico e seu comportamento no contexto analisado;
- **interagir** – conversar com os envolvidos em encontros agendados e conversas informais;
- **vivenciar** – sentir as experiências vivenciadas pelas partes interessadas no contexto analisado.

Com os dados coletados em mãos, os design thinkers devem se reunir e registrar em blocos de notas, cartões ou espaços tecnológicos próprios para anotações aquilo que viram, ouviram e suas principais reflexões e conclusões. O uso desses registros ajuda na consulta e no manuseio de informações coletadas, facilitando a categorização e a análise dos dados.

A JUNÇÃO DE INSIGHTS DOS DESIGN THINKERS AJUDA NA CRIAÇÃO DE SOLUÇÕES INOVADORAS, UMA VEZ QUE AS MELHORES SOLUÇÕES RESULTAM DA COMPILAÇÃO DE INSIGHTS A RESPEITO DO COMPORTAMENTO HUMANO

Nesta etapa, é bastante produtivo trabalhar com estratégias como **Análise dos dados coletados** (estratégia 09), ***Persona*** (estratégia 10) e **Mapa da empatia** (estratégia 11). Esses exercícios hipotéticos e reflexivos levam os design thinkers a enxergar o problema sob a perspectiva do outro e, dessa forma, imaginar seus desejos, necessidades, perdas e ganhos em relação ao desafio estratégico. Isso permite interpretar o significado intrínseco das experiências vividas com a finalidade de obter *insights*.

Insight é um conjunto de ideias e pensamentos que nos fazem ver o desafio estratégico a partir de outra perspectiva. Pode surgir de algo inesperado que alguém diz ou faz e que nos leva a enxergar o desafio de outra forma.

A junção de *insights* dos design thinkers ajuda na criação de soluções inovadoras, uma vez que as melhores soluções resultam da compilação de *insights* a respeito do comportamento humano.

Pode ser difícil ter *insights*, pois constantemente desconsideramos mesmo sem perceber ideias e novas perspectivas por não conseguirmos avaliar sua validade com rapidez. As estratégias da etapa *compreender o problema* ajudam a enxergar os desafios enfrentados por outras pessoas e a organizar as ideias e reflexões advindas de uma imersão no contexto analisado, com um novo olhar.

4.4 PROJETAR SOLUÇÕES

A próxima etapa do DT envolve **projetar soluções**. Ela é composta basicamente de três momentos:

1. refinamento do problema;
2. *brainstorming*;
3. avaliação de ideias.

Nesta etapa, os design thinkers já compartilharam dados e impressões coletadas durante o exercício da empatia. Também já devem ter sintetizado e interpretado suas descobertas e *insights*.

Agora, a partir do tratamento dado às informações coletadas, é preciso refinar o problema. Ou seja, os design thinkers devem se organizar para redigir uma afirmação que expresse o problema que irá nortear o projeto a ser desenvolvido. Esta etapa representa, portanto, um refinamento da esfera de atuação identificada na etapa anterior. A estratégia **Refinando o problema** (estratégia 13) expressa, claramente, um problema concreto e específico que se quer resolver, e essa definição ajuda os design thinkers a projetar soluções.

OS DESIGN THINKERS DEVEM SE ORGANIZAR PARA REDIGIR UMA AFIRMAÇÃO QUE EXPRESSE O PROBLEMA QUE IRÁ NORTEAR O PROJETO A SER DESENVOLVIDO

Em seguida, começa o processo de criação, ou seja, chega o momento de explorar e gerar uma variedade de soluções. Para isso podem-se elaborar, em uma reunião, **Perguntas do tipo "Como podemos...?"** (estratégia 14), respondidas pelos participantes da sessão de ***Brainstorming*** (estratégia 15), realizada em seguida, e para que os design thinkers criem um repositório de ideias que serão compartilhadas, categorizadas e avaliadas. Para isso, pode ser adotada a **Escolha das melhores ideias** (estratégia 16). Nesta etapa, ainda é possível realizar a dinâmica de grupo **Projeto participativo** (estratégia 17), na qual design thinkers e representantes das partes interessadas participam de uma sessão de *brainstorming* para projetar soluções em parceria.

Ao final desta etapa, os design thinkers devem decidir quais soluções serão prototipadas. Nesse sentido, por vezes a solução de determinado problema ou uma proposta inovadora que posteriormente será inserida no protótipo advêm da fala ou sugestão de um *stakeholder* entrevistado. Outras vezes, surgem do *insight* de um design thinker que ouviu uma ideia de outros design thinkers e foi capaz de projetar alguma solução inovadora a partir da junção de ideias.

Boas soluções que os design thinkers irão selecionar para que se tornem tangíveis em protótipos devem ter as seguintes características:

- ser potencialmente inovadoras, ou seja, é importante evitar a seleção de soluções óbvias;
- advir de perspectivas coletivas e, preferencialmente, resultar de um processo de cocriação;
- explorar áreas e/ou aspectos pouco explorados e inesperados do problema analisado.

POR VEZES, A SOLUÇÃO DE DETERMINADO PROBLEMA OU UMA PROPOSTA INOVADORA ADVÊM DA FALA OU SUGESTÃO DE UM STAKEHOLDER ENTREVISTADO. OUTRAS VEZES, SURGEM DO INSIGHT DE UM DESIGN THINKER QUE OUVIU UMA IDEIA DE OUTROS DESIGN THINKERS E FOI CAPAZ DE PROJETAR ALGUMA SOLUÇÃO INOVADORA A PARTIR DA JUNÇÃO DE IDEIAS

Finalmente, a escolha das soluções deve ser norteada pelas lentes do *HCD Toolkit*: desejo (das partes interessadas), praticabilidade (técnica, funcional e organizacional) e viabilidade (financeira).[4]

4. IDEO, 2009.

4.5 PROTOTIPAR

A prática da prototipagem faz com que as soluções propostas pelos design thinkers se tornem tangíveis, o que facilita a maturação da inovação.[5] A etapa da prototipagem é dividida em dois momentos: criação e teste de protótipos.

Esta é uma etapa fundamental quando se adota o DT para inovar, solucionar problemas e como metodologia criativa de aprendizagem, visto que o protótipo deve demonstrar e/ou apresentar ideias de forma clara. Ou seja, a prototipagem permite a utilização de múltiplas linguagens sensoriais, o que facilita a comunicação das soluções projetadas para as partes interessadas.

A PRÁTICA DA PROTOTIPAGEM FAZ COM QUE AS SOLUÇÕES PROPOSTAS PELOS DESIGN THINKERS SE TORNEM TANGÍVEIS, O QUE FACILITA A MATURAÇÃO DA INOVAÇÃO

Geralmente a prototipagem é vista como forma de testar a funcionalidade de um artefato. Mas, no contexto do DT, deve ser usada tendo-se em mente os objetivos a seguir.[6]

- **Aprender com os erros** – o desenvolvimento e a visualização de múltiplas ideias por meio de protótipos de baixa resolução permitem que os design thinkers reformulem e aprendam com seus erros, além de compreenderem que errar é necessário no processo de inovação.
- **Resolver discordâncias** – a prototipagem ajuda os design thinkers a eliminar discordâncias de opinião sobre as soluções projetadas e auxilia na geração de novas e melhores ideias, pois reduz falhas de comunicação.
- **Iniciar conversas** – a testagem de um protótipo pode ser uma excelente forma de começar uma conversa com os *stakeholders*.
- **Falhar antes que seja tarde demais** – o uso prematuro de protótipos é uma maneira barata e rápida de falhar. Evita erros futuros por permitir a identificação de debilidades nas soluções propostas a partir da testagem com as partes interessadas.
- **Gerenciar a projeção de solução** – ajuda a identificar variáveis que podem ser exploradas com maior profundidade na solução. Com isso, o problema é dividido em partes menores, que podem ser avaliadas com mais facilidade.

5. BROWN, T. Design thinking. *Harvard Business Review*, Cambridge, v. 86, n. 6, p. 84-92, June 2008.
6. D.SCHOOL. *Bootcamp Bootleg*. Palo Alto: Hasso Plattner Institute of Design at Stanford, 2011, p. 1-44.

UM PROTÓTIPO PODE SER UM PRODUTO, UM PROCESSO OU UM SERVIÇO, REPRESENTADO POR ESBOÇO OU MODELO TRIDIMENSIONAL DE BAIXA RESOLUÇÃO, FEITO DE DIVERSOS MATERIAIS

Na prototipagem, os design thinkers dividem tarefas grandes em pequenas partes, possibilitando que, por meio da execução dessas tarefas menores, experimentem pequenas vitórias e sintam-se motivados ao ver o impacto de suas ações como facilitadoras de sucesso no projeto como um todo.

Um protótipo pode ser um produto, um processo ou um serviço, representado por esboço ou modelo tridimensional de baixa resolução, feito de diversos materiais, como papelão, massa de modelar ou papel. É uma forma de transmitir uma ideia rapidamente. *Storyboards*, diagramas, *mockup*, filmagens, peças de teatro, maquetes, páginas da internet e programas de computador são exemplos de protótipos possíveis.

Na perspectiva do design thinking, os protótipos não precisam conter todas as solicitações e demandas apresentadas pelas partes interessadas na etapa *compreender o problema*. Assim, os protótipos não são meramente o resultado daquilo que um grupo de pessoas expressa ou demonstra que deseja. Eles são criados por design thinkers e devem conter aspectos relevantes e significativos para resolver, de forma inovadora, o problema identificado.

OS PROTÓTIPOS NÃO SÃO MERAMENTE O RESULTADO DAQUILO QUE UM GRUPO DE PESSOAS EXPRESSA OU DEMONSTRA QUE DESEJA. ELES SÃO CRIADOS POR DESIGN THINKERS E DEVEM CONTER ASPECTOS RELEVANTES E SIGNIFICATIVOS PARA RESOLVER, DE FORMA INOVADORA, O PROBLEMA IDENTIFICADO

Com a **Prototipagem rápida** (estratégia 18), os design thinkers representam visualmente as soluções criadas a fim de avaliar se respondem ao problema enfrentado pelas partes interessadas. Pelo uso da técnica **Prototipagem empática** (estratégia 19), os melhores protótipos aperfeiçoados para que sejam testados pelos *stakeholders*. E com a adoção da **Prototipagem colaborativa** (estratégia 20), especialistas e leigos representantes das partes interessadas são convidados a participar do processo de criação de protótipos enquanto são observados por design thinkers.

A **Rodada com especialistas** (estratégia 21) é o momento no qual os protótipos criados pelos design thinkers são avaliados por dois ou mais especialistas. Durante a rodada, os especialistas podem sugerir melhorias ou discutir aspectos que ajudarão a equipe a refinar as soluções apresentadas.

Finalmente, devem agendar um encontro com representantes das partes interessadas para realizar o **Teste do protótipo** (estratégia 22) com as soluções criadas. As chances de um protótipo ter sucesso são maiores quando os design thinkers e as partes interessadas podem testá-lo, ou seja, podem interagir com a solução criada. Neste momento, os protótipos devem ser apresentados aos *stakeholders*, preferencialmente aqueles que foram consultados ou participaram da etapa *compreender o problema*. Os momentos de interação com um protótipo ajudam na compreensão de aspectos que são positivos e aqueles que precisam ser aperfeiçoados nas soluções projetadas. Isso faz com que a etapa da *prototipagem* seja um momento de bastante aprendizagem para os envolvidos na resolução do problema.

AS CHANCES DE UM PROTÓTIPO TER SUCESSO SÃO MAIORES QUANDO OS DESIGN THINKERS E AS PARTES INTERESSADAS PODEM TESTÁ-LO

Existem estratégias de design thinking, como, por exemplo, a **Matriz de *feedback*** (estratégia 23), que organizam aquilo que as partes interessadas têm a dizer sobre os protótipos testados. A estratégia solicita que as seguintes questões sobre o protótipo sejam respondidas:

a) O que funcionou?
b) O que pode ser aperfeiçoado?
c) Questionamentos?
d) Novas ideias?

Com isso, é possível analisar os protótipos testados a partir das lentes do HCD – desejo, praticabilidade e viabilidade – e, por fim, definir, as soluções que serão implementadas. A etapa *prototipar* pode ocorrer em vários ciclos. É comum que um protótipo precise ser testado e adequado algumas vezes antes de a solução proposta estar amadurecida e pronta para ser implementada.

4.6 IMPLEMENTAR A MELHOR OPÇÃO

Nesta etapa, as soluções propostas e testadas precisam estar maduras e prontas para serem colocadas em prática. Para isso, é necessário estabelecer o **Plano de implementação** (estratégia 24), que abrange as ações e os prazos para cada uma delas. Nesse documento, aspectos relevantes a serem considerados na implementação das soluções são elencados. Os design thinkers definem as pessoas (ou grupos de pessoas) que estarão envolvidas na implementação e manutenção da solução e aquelas que serão afetadas pela proposta. Além disso, indicam os recursos tecnológicos e materiais que devem ser utilizados e, por fim, os possíveis parceiros que podem ser convidados a se envolver na implementação e/ou manutenção da solução.

Nesse momento também é importante realizar uma **Análise de viabilidade** (estratégia 25), pois a opção escolhida só será boa se for sustentável. Assim, os design thinkers devem realizar um levantamento de custos para implementar e manter cada solução criada.

Existem ainda estratégias de DT que os orientam na elaboração do **Plano do projeto-piloto** (estratégia 26), que permite que a solução seja testada com um grupo controlado para a identificação de eventuais ajustes antes de ser completamente implementada. Essas ações devem ser documentadas e seus resultados avaliados e discutidos. Se houver necessidade, mudanças e ajustes devem ser realizados antes que a opção escolhida seja apresentada para todas as partes interessadas. Quando isso realmente acontecer, é importante avaliar os resultados da opção implementada por meio de um **Plano de aprendizagem** (estratégia 27).

NESTE CAPÍTULO apresentamos, de forma geral, o processo (etapas) e estratégias de DT que podem ser adotados em projetos desenvolvidos em diversos contextos organizacionais. Ao final do livro, apresentamos roteiros detalhados para as estratégias práticas citadas neste capítulo. Antes disso, porém, o capítulo seguinte discute de maneira mais focada a perspectiva da transformação digital e a visão de propósito, forças complementares que desafiam o DT no cenário contemporâneo.

APLICANDO AS ESTRATÉGIAS DE DESIGN THINKING

As estratégias apresentadas a seguir foram adaptadas das ferramentas de design thinking constantes no *HCD Toolkit*[1] e no *Bootcamp Bootleg*.[2] Durante o desenvolvimento de um projeto, os design thinkers não precisam necessariamente utilizar todas essas estratégias e nem gastar exatamente o tempo estimado em cada uma delas para realizar as atividades propostas.

O processo de DT é flexível e não linear e pode ser executado em algumas horas (em um *workshop*) ou em alguns meses (dependendo da complexidade do problema a ser resolvido).

As indicações expostas a seguir não visam homogeneizar o desenvolvimento de um projeto, muito menos dar uma "receita de bolo" para que equipes possam solucionar problemas, inovar ou desenvolver oportunidades de aprendizagem criativa. Ao contrário, o objetivo é apresentar orientações mais detalhadas para aqueles que ainda não estão tão familiarizados com o uso do DT. É importante destacar que os materiais que inspiraram a elaboração das estratégias contêm uma maior variedade de opções de ferramentas que podem ser adotadas por design thinkers dependendo das demandas de cada projeto.

Cabe ainda ressaltar que é bem possível que alguns grupos adotem as estratégias apresentadas neste livro nas primeiras vezes que utilizarem o DT, de modo a criar um *know-how* no uso da abordagem. Depois da conclusão de alguns projetos, podem criar métodos próprios ou adaptar as estratégias para que se adequem à sua realidade institucional.

Nas páginas a seguir, detalhamos cada estratégia no formato de fichas, as quais você poderá consultar à medida que estiver desenvolvendo seu projeto de DT. Cada ficha apresenta uma breve definição da estratégia, os participantes envolvidos, seu objetivo principal, o tempo mínimo e os materiais necessários para sua realização, bem como um passo a passo do que fazer.

---

1. IDEO. *HCD Toolkit*. Palo Alto: Ideo, 2009.
2. D.SCHOOL. *Bootcamp Bootleg*. Palo Alto: Hasso Plattner Institute of Design at Stanford, 2011. p. 1-44.

OS MATERIAIS QUE INSPIRARAM A ELABORAÇÃO DAS ESTRATÉGIAS CONTÊM MAIOR VARIEDADE DE OPÇÕES DE FERRAMENTAS QUE PODEM SER ADOTADAS POR DESIGN THINKERS DEPENDENDO DAS DEMANDAS DE CADA PROJETO

QUADRO 5.1 Visão geral das etapas e estratégias do DT

ETAPA	ESTRATÉGIAS
Compreender o problema 	1. Definição do desafio estratégico
	2. Organização de conhecimentos prévios
	3. Matriz das partes interessadas
	4. Pesquisa exploratória
	5. Plano de coleta de dados
	6. Imersão
	7. Entrevista empática
	8. Autodocumentação
	9. Análise dos dados coletados
	10. *Persona*
	11. Mapa da empatia
	12. Mapa da Jornada do Usuário
Projetar soluções 	13. Refinando o problema
	14. Perguntas do tipo “Como podemos...?”
	15. *Brainstorming*
	16. Escolha das melhores ideias
	17. Projeto participativo
Prototipar 	18. Prototipagem rápida
	19. Prototipagem empática
	20. Prototipagem colaborativa
	21. Rodada com especialistas
	22. Teste do protótipo
	23. Matriz de *feedback*
Implementar a melhor opção 	24. Plano de implementação
	25. Análise de viabilidade
	26. Plano do projeto-piloto
	27. Plano de aprendizagem

ESTRATÉGIA

01

Definição do desafio estratégico

O que é?

O desafio estratégico é uma frase que descreve o problema a ser superado e que norteará o desenvolvimento de um projeto com o uso do design thinking.

Participantes

- 1 gestor ou líder institucional
- 1 líder de projeto
- 4 a 10 design thinkers

Objetivo

Delimitar o desafio estratégico que norteia o processo de desenvolvimento de um projeto.

Tempo necessário

1 a 2 horas

Materiais

- Blocos de notas, cartões ou espaços digitais para registrar anotações.
- Cartolina, *flip-chart*, lousa, tela digital ou projetor de *slides*.
- Canetinhas coloridas, lápis de cor, pincel atômico ou canetas.
- Fita adesiva.

ESTRATÉGIA

01

O que fazer?

1. Um gestor ou líder institucional apresenta em uma primeira reunião de trabalho com o grupo de design thinkers determinada situação desafiadora, identificada no contexto institucional. Como exemplos de situações desafiadoras, podemos citar:
   - melhorar a satisfação e o engajamento dos clientes em serviços online;
   - reduzir o desperdício e promover práticas sustentáveis na cadeia de suprimentos;
   - criar programas de inclusão que promovam a diversidade e a equidade no ambiente de trabalho;
   - engajar a comunidade em projetos sociais e ambientais promovidos pela organização.
2. O gestor ou líder institucional apresenta ao grupo um design thinker, líder de projeto, que tem conhecimentos e, preferencialmente, experiência na adoção da abordagem de DT no campo da educação. Esse profissional irá coordenar as reuniões dos design thinkers e aplicar as estratégias de DT durante o desenvolvimento do projeto.
3. O líder de projeto orienta os design thinkers a escrever individualmente em blocos de notas, cartões, computador ou outros espaços tecnológicos **o que já sabem** sobre a situação desafiadora apresentada e indica o tempo que terão para trabalhar essa questão.

   Algumas questões norteadoras que podem ser utilizadas são:
   - O que você sabe sobre o contexto apresentado?
   - Qual é o perfil das pessoas envolvidas no problema?
   - O que essas pessoas precisam ou querem?
   - Que tecnologias podem ajudar as pessoas envolvidas?
   - Há contradições ou tensões em seus conhecimentos sobre o contexto analisado?
   - O que você não sabe sobre o contexto e precisa descobrir?

   O líder avisa o grupo quando o tempo para responder às perguntas de forma individual terminou.
4. Cada design thinker compartilha com o grupo suas respostas e, juntos, discutem em grupo como é possível delimitar o escopo da situação desafiadora para que seja definido um desafio estratégico centrado nas pessoas.

   Caso existam diversas possibilidades, a recomendação é votar os dois ou três principais desafios encontrados. É provável que, mais adiante no processo, o grupo consiga delimitar melhor ou escolher um único desafio estratégico.

ESTRATÉGIA
01

5. Um representante do grupo deve escrever em cartolina, *flip-chart*, lousa ou tela digital uma frase que represente o **desafio estratégico** que norteará o desenvolvimento do projeto.
6. O desafio estratégico deve ser colado em uma parede no centro da sala onde são sediadas as reuniões dos design thinkers ou deixado em um lugar de fácil visualização.

> De acordo com o *HCD Toolkit*, um bom desafio estratégico deve ser:
>
> - moldado em termos humanos (e não em termos de tecnologia, produto ou funcionalidade de serviço);
> - abrangente o suficiente para permitir que o grupo descubra áreas de valor inesperado;
> - específico o suficiente para tornar o tópico gerenciável.

FIGURA 5.1 Exemplo da estratégia Definição do desafio estratégico

Foto: Carolina Costa Cavalcanti

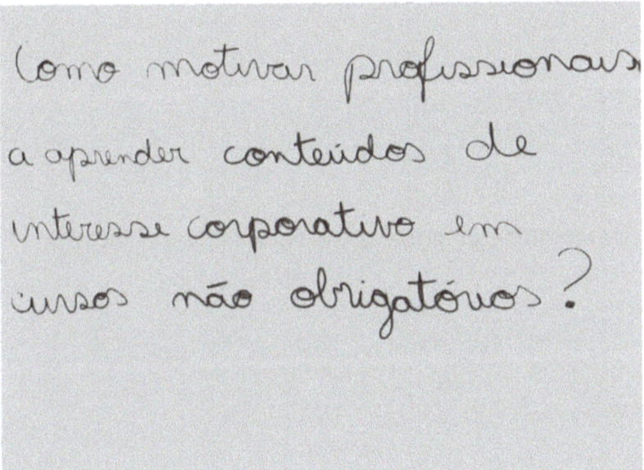

Imagem utilizada com a autorização dos participantes do minicurso *Design thinking para inovar na educação a distância*, ministrado por Carolina Costa Cavalcanti no 21º Congresso Internacional Abed de Educação a Distância, realizado em outubro de 2015.

ESTRATÉGIA

02

Organização de conhecimentos prévios

O que é?

Na Organização de conhecimentos prévios, os design thinkers levantam e sintetizam informações que já possuem sobre o contexto e as partes interessadas (*stakeholders*) no desafio estratégico.

Participantes

- 1 líder de projeto
- 4 a 10 design thinkers

Objetivo

Levantar e organizar conhecimentos que os membros do grupo possuem sobre o desafio estratégico redigido.

Tempo necessário

30 a 40 minutos

Materiais

- Blocos de notas, cartões ou espaços digitais para registrar anotações.
- Cartolina, *flip-chart*, lousa, tela digital ou projetor de *slides*.
- Canetinhas coloridas, lápis de cor, pincel atômico ou canetas.
- Fita adesiva.

ESTRATÉGIA
02

O que fazer?

1. O líder de projeto deve orientar os design thinkers a levantar dados sobre o contexto do desafio estratégico. Para isso, devem registrar individualmente em blocos de notas, cartões, computador ou outros espaços tecnológicos as respostas às seguintes perguntas:
   - O que sabemos sobre o contexto do desafio estratégico?
   - O que não sabemos sobre o contexto do desafio estratégico?
2. Depois de cada design thinker anotar o que sabe e não sabe sobre o desafio estratégico, é necessário compartilhar com o grupo. Nesse momento, é importante preparar uma síntese das informações, organizando-as por categoria ou em colunas verticais, na parede da sala, *flip-chart* ou tela digital.
3. Após a organização inicial, o grupo deve identificar lacunas e áreas de incerteza nas informações coletadas. Isso pode ser feito discutindo as respostas individuais e destacando pontos que necessitam de maior esclarecimento ou pesquisa adicional.
4. Utilizando canetinhas ou marcadores coloridos, o grupo deve destacar as informações mais relevantes e as áreas prioritárias que precisam ser abordadas no próximo estágio do projeto. O líder de projeto deve garantir que todos os participantes tenham a oportunidade de contribuir e que as informações sejam organizadas de forma clara e acessível para todos.

ESTRATÉGIA

03

Matriz das partes interessadas

O que é?

A Matriz das partes interessadas é uma ferramenta utilizada para identificar e analisar os diferentes grupos de pessoas envolvidos no desafio estratégico, bem como suas necessidades, seus desafios e seus desejos.

Participantes

- 1 líder de projeto
- 4 a 10 design thinkers
- representantes das partes interessadas

Objetivo

Identificar as partes interessadas no desafio estratégico e organizar informações sobre seus perfis, desafios, necessidades e desejos.

Tempo necessário

45 a 60 minutos

Materiais

- Blocos de notas.
- Cartolina, *flip-chart*, lousa ou tela digital.
- Canetinhas coloridas, lápis de cor, pincel atômico ou canetas.
- Fita adesiva.

ESTRATÉGIA
03

O que fazer?

1. O líder de projeto deve orientar o grupo a identificar as partes interessadas envolvidas no desafio estratégico. As respostas devem ser registradas em blocos de notas ou diretamente na Matriz das partes interessadas.
2. Algumas perguntas norteadoras para a organização da matriz são:
   - Quem são as partes interessadas envolvidas no desafio estratégico? Exemplos: gestores, líderes de departamento, clientes, fornecedores etc.
   - Qual é o perfil de cada grupo de pessoas mencionadas?
   - Quais são os maiores desafios enfrentados por essas pessoas?
   - Quais seriam os desejos e as necessidades das várias partes interessadas?
3. Após a identificação inicial, o grupo deve reunir-se para discutir e organizar as informações levantadas sobre as partes interessadas. Isso pode ser feito em um esquema visual, como o mostrado a seguir.

FIGURA 5.2 Matriz das partes interessadas

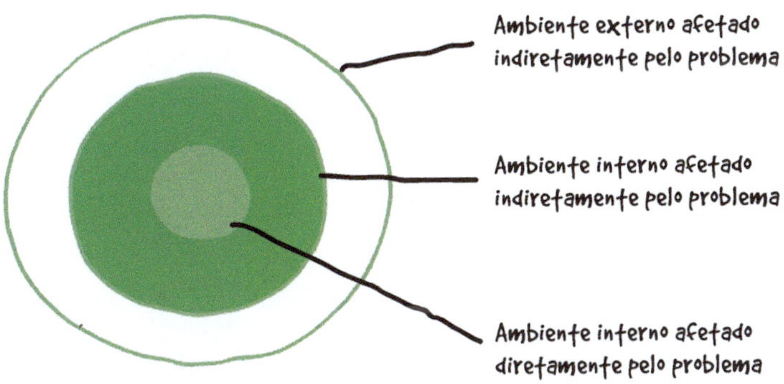

Fonte: adaptada de IDEO, 2009.

4. Cada grupo de partes interessadas deve ser posicionado na matriz de acordo com seu perfil, desafios, necessidades e desejos.

ESTRATÉGIA

03

5. O líder de projeto deve garantir que a síntese das informações seja clara e que todos os participantes compreendam a relação entre as partes interessadas e o desafio estratégico. A matriz deve ser revisada e ajustada conforme necessário, garantindo que todos os *stakeholders* relevantes tenham sido considerados e que suas necessidades e desafios estejam adequadamente delineados.

Essa abordagem não só facilita a visualização das partes interessadas, mas também ajuda a definir prioridades e a criar estratégias mais eficazes para abordar os desafios identificados.

ESTRATÉGIA

04

Pesquisa exploratória

O que é?

Condução de pesquisa de campo exploratória para observar uma realidade específica e conversar com representantes das partes interessadas envolvidas no problema analisado.

Participantes

- 1 líder de projeto
- 4 a 10 design thinkers
- representantes das partes interessadas

Objetivo

Observar um contexto específico e conversar informalmente com representantes das partes interessadas para realizar uma pesquisa de campo exploratória sobre variados aspectos do desafio estratégico.

Tempo necessário

2 a 3 horas

Materiais

- Blocos de notas, cartões ou espaços digitais para registrar anotações.
- Canetas.
- Máquina fotográfica para registrar o contexto analisado.

ESTRATÉGIA

04

O que fazer?

As seguintes etapas devem ser observadas.

1. O líder de projeto divide os design thinkers em duplas para que façam uma visita rápida (de até duas horas) no local e/ou contexto analisado. Antes de ir a campo, eles devem solicitar e receber autorização dos gestores da instituição para realizar a pesquisa exploratória.
2. A pesquisa exploratória sempre deve ser realizada no local e/ou contexto analisado. É composta de observação e conversas rápidas com representantes das partes interessadas que estiverem presentes no ambiente visitado.

   Por exemplo, se o desafio estratégico é reduzir o desperdício e promover práticas sustentáveis na cadeia de suprimentos, os design thinkers devem visitar os locais de produção e logística. Observando os processos de produção e transporte, conversando com os trabalhadores envolvidos e identificando pontos de desperdício, eles podem entender melhor onde e como implementar práticas mais sustentáveis.

> Ao realizar a **observação** na pesquisa exploratória, é importante que as duplas de design thinkers considerem os seguintes pontos:
>
> - aproximem-se da realidade a ser observada sem julgar o contexto, as ações, as decisões ou as problemáticas encontradas;
> - anotem aspectos que chamam a atenção para que possam ser compartilhados posteriormente com os outros design thinkers;
> - determinem quem são as pessoas, que não foram identificadas anteriormente, que são partes interessadas (*stakeholders*) e estão envolvidas no desafio estratégico; acrescentem novos *stakeholders* identificados na matriz das partes interessadas, elaborada na estratégia 02;
> - se possível, devem tirar fotos do local analisado.
>
> **Atenção**: fotos de pessoas só podem ser tiradas se os design thinkers coletarem uma autorização escrita dos fotografados.

3. Durante a visita, os design thinkers devem **conversar** informalmente e rapidamente (no máximo por 15 minutos) com alguns representantes das partes interessadas. Aqui é importante selecionar pessoas de vários grupos para obter uma visão mais ampla do problema (p. ex., um operário da linha de produção, um supervisor de logística, um motorista de transporte etc.).

ESTRATÉGIA
04

Ao **conversar** com cada pessoa envolvida no desafio estratégico durante a pesquisa exploratória, é importante que as duplas de design thinkers:

- apresentem rapidamente o objetivo do projeto desenvolvido a partir do uso do DT e perguntem se a pessoa pode conversar por alguns minutos sobre a situação-problema;
- questionem como a pessoa é impactada pelo desafio estratégico e quais são seus desejos e necessidades em relação a isso;
- perguntem se a pessoa teria condições de ser entrevistada posteriormente sobre o tema em um horário pré-agendado;
- depois de cada conversa, anotem as respostas obtidas, destacando as pessoas que podem dar entrevistas mais detalhadas em outra oportunidade;
- registrem as novas informações que emergiram na conversa e percepções que obtiveram durante a pesquisa exploratória.

Obs.: essa estratégia difere da Entrevista empática (estratégia 07), porque se trata mais de um reconhecimento de campo, uma conversa rápida com possíveis pessoas que podem ser entrevistadas posteriormente.

4. O líder de projeto agenda uma nova reunião com os design thinkers para que apresentem e comparem os dados coletados na pesquisa exploratória. Nessa reunião, todos obterão novas informações sobre o desafio estratégico e as partes interessadas.

ESTRATÉGIA

05

Plano de coleta de dados

O que é?

O Plano de coleta de dados é um documento no qual os design thinkers registram como irão se organizar para coletar dados via observação, entrevista e autodocumentação.

Participantes

- 1 líder de projeto
- 4 a 10 design thinkers

Objetivo

Planejar a coleta de dados para conhecer o desafio estratégico de forma mais aprofundada.

Tempo necessário

1 a 2 horas

Materiais

- Blocos de notas, cartões ou espaços digitais para registrar anotações.
- Formulários a serem preenchidos (ver exemplo a seguir).
- Canetas.

ESTRATÉGIA
05

O que fazer?

De posse das informações compartilhadas pelos design thinkers na pesquisa exploratória, o líder convoca uma reunião para que o grupo prepare o Plano de coleta de dados. Nesta reunião, o grupo discute o que será feito para obter uma compreensão mais aprofundada do desafio estratégico. Para isso, decidem que estratégias irão utilizar para coletar dados no contexto analisado.

Existem várias maneiras de coletar dados, mas selecionamos três opções que estão descritas com mais detalhes nas estratégias 06, 07 e 08, respectivamente: Imersão, Entrevista empática e Autodocumentação. A seguir descrevemos alguns passos para criar o plano de coleta de dados para as estratégias mencionadas.

1. Imersão (ver estratégia 06)
    - Fazer uma lista dos ambientes, aspectos, circunstâncias e pessoas que é preciso conhecer melhor.

> Nesse momento, é importante pensar em pessoas que tenham **visões extremas** do desafio estratégico: algumas que estejam muito familiarizadas com o tema do desafio estratégico e outras que saibam, muito pouco a respeito. Ou seja, é interessante realizar a imersão tanto com especialistas quanto leigos que estejam de alguma forma envolvidos na situação analisada, a fim de obter uma visão ampla a respeito do problema em questão.

    - Definir quais design thinkers irão realizar uma imersão nos ambientes para observar as pessoas selecionadas.
    - Indicar como e quando as pessoas serão contatadas com base nos dados da Matriz das partes interessadas (ver estratégia 02).
    - Especificar como os dados coletados durante a imersão serão registrados pelo observador.

2. Entrevista empática (ver estratégia 07)
    - Fazer uma lista de pessoas ou grupos envolvidos no desafio estratégico que poderiam ser entrevistados.
    - Selecionar pessoas ou grupos específicos.

ESTRATÉGIA
05

Aqui é importante avaliar se as pessoas com quem cada dupla conversou durante a pesquisa exploratória tem o perfil desejado. Conforme foi dito, na seleção dos entrevistados é importante selecionar aqueles que têm **visões extremas** do desafio estratégico. Ou seja, planejar a entrevista com especialistas e leigos imersos na situação-problema analisada.

- Definir quem será o entrevistador de cada entrevistado ou grupo de entrevistados escolhido.
- Indicar como e quando os entrevistados serão contatados.
- Especificar como os dados coletados na entrevista serão registrados pelo entrevistador.

3. Autodocumentação (ver estratégia 08)

- Selecionar algumas pessoas que teriam interesse e disponibilidade de documentar sua rotina diária.

Aqui, mais uma vez os design thinkers devem avaliar se as pessoas com quem conversaram na pesquisa exploratória têm o perfil desejado para serem convidadas a realizar a autodocumentação. Selecionar um especialista e um leigo para que se possa analisar o desafio estratégico sob mais de uma perspectiva.

- Definir quem entrará em contato com cada pessoa e quando isso será feito, incluindo dar orientações para que elas realizem a autodocumentação de sua rotina de um modo que realmente ajude os design thinkers a entender o desafio estratégico sob pontos de vista diferentes.
- Prever como os registros produzidos serão entregues aos design thinkers.

ESTRATÉGIA
05

FORMULÁRIO 5.1 Exemplo de formulário a ser preenchido na estratégia Plano de coleta de dados

PLANO DE COLETA DE DADOS		
IMERSÃO		
O que ou quem precisa ser observado?	ambientes	
	aspectos/circunstâncias	
	pessoas	
Quem irá realizar a imersão?	ambientes	
	aspectos/circunstâncias	
	pessoas	
Como e quando as pessoas que irão sediar a imersão serão contatadas?		
Como os dados coletados serão registrados?		
ENTREVISTA EMPÁTICA		
Partes interessadas envolvidas no desafio estratégico (*stakeholders*)	1.	
	2.	
	3.	
	4.	
	5.	
	6.	
Indicar representantes de cada parte interessada para serem entrevistados (especialistas e leigos)	Especialista	Leigo
	1.	5.
	2.	6.
	3.	7.
	4.	8.

ESTRATÉGIA
05

ENTREVISTA EMPÁTICA		
Entrevistador para cada pessoa selecionada	1.	5.
	2.	6.
	3.	7.
	4.	8.
Como os dados coletados serão registrados?	1.	5.
	2.	6.
	3.	7.
	4.	8.
AUTODOCUMENTAÇÃO		
Pessoas que teriam interesse e disponibilidade de documentar sua rotina diária	1.	
	2.	
	3.	
	4.	
Quem irá entrar em contato com as pessoas?	1.	
	2.	
	3.	
	4.	
Como os dados serão registrados e encaminhados para os design thinkers?	1.	
	2.	
	3.	
	4.	

Fonte: elaborado pelas autoras.

Baixe este formulário no QR Code a seguir.

uqr.to/23fwv

ESTRATÉGIA

06

Imersão

O que é?

Convivência, por algumas horas, com representantes das partes interessadas para vivenciar sua rotina e perspectiva do desafio estratégico.

Participantes

- 2 a 4 design thinkers
- 2 a 4 representantes das partes interessadas

Objetivo

Vivenciar a rotina de representantes das partes interessadas para entender como são impactados pelo desafio estratégico.

Tempo necessário

2 a 3 horas

Materiais

- Blocos de notas, cartões ou espaços digitais para registrar anotações.
- Máquina fotográfica e/ou filmadora para registrar o contexto analisado.

ESTRATÉGIA

06

O que fazer?

1. Com o Plano de coleta de dados concluído, os design thinkers que irão realizar a Imersão entram em contato com os representantes das partes interessadas (*stakeholders*) selecionados para essa atividade. Nesse contato, pedem para acompanhar sua rotina por algumas horas. Aqui é importante que expliquem o motivo da solicitação e digam que o enfoque da imersão será vivenciar perspectivas diferentes do desafio estratégico.
2. Durante a imersão é importante vivenciar o contexto analisado sem julgar as ações, as decisões ou as problemáticas encontradas.
3. É importante conversar com as pessoas envolvidas no contexto para entender seus desafios, desejos, necessidades e conflitos. Depois de cada conversa, o design thinker participante da imersão deve anotar as respostas obtidas e as novas impressões que tenha sobre o desafio estratégico.
4. Registrar e documentar em anotações, fotos e pequenos vídeos aspectos importantes que precisem ser compartilhados com o líder de projeto e com os demais design thinkers na reunião de Análise dos dados coletados (ver estratégia 09).

ESTRATÉGIA

07

Entrevista empática

O que é?

Conversa com um entrevistado ou um grupo de entrevistados para obter informações por meio de perguntas e evocação de histórias.

Participantes

- 2 a 6 design thinkers
- representantes das partes interessadas que tenham visões extremas (ver estratégia 05)
- representantes das partes interessadas participantes de entrevista individual ou em grupo

Objetivo

Compreender as emoções, motivações, pensamentos e perspectivas das partes interessadas envolvidas no desafio estratégico.

Tempo necessário

30 a 60 minutos

Materiais

- Blocos de notas, cartões ou espaços digitais para registrar anotações.
- Gravador e/ou filmadora.

ESTRATÉGIA

07

O que fazer?

Os design thinkers devem se organizar em duplas para entrevistar uma pessoa ou grupo envolvido no problema analisado. Essa estratégia é fundamental para ter uma visão empática do desafio estratégico.

A) **Antes de realizar a entrevista**, é recomendável que o entrevistador:

1. Elabore perguntas específicas sobre como o desafio estratégico impacta a rotina do entrevistado.
2. Prepare perguntas curtas, pois perguntas muito longas podem confundir o entrevistado.
3. Evite fazer perguntas que podem ser respondidas com "Sim" e "Não"; de preferência, incentive o entrevistado a contar histórias.

Alguns exemplos de perguntas que estimulam os entrevistados a contar histórias e relatar situações autênticas relacionadas ao desafio estratégico:

- "Conte-me sobre a última vez que você..."
- "Qual foi a melhor experiência que teve com...?"
- "Qual foi a pior experiência que você teve ao...?"

4. Mostre as perguntas elaboradas para o outro design thinker que irá registrar as respostas e peça a ele que dê sugestões para que as perguntas fiquem claras
5. Agende a entrevista no local de trabalho, estudo ou na casa do entrevistado, pois ele ficará mais à vontade nesses ambientes.

ESTRATÉGIA
07

B) No momento da entrevista, é recomendável seguir as etapas descritas no gráfico a seguir:

GRÁFICO 5.1 Fluxo de uma entrevista empática

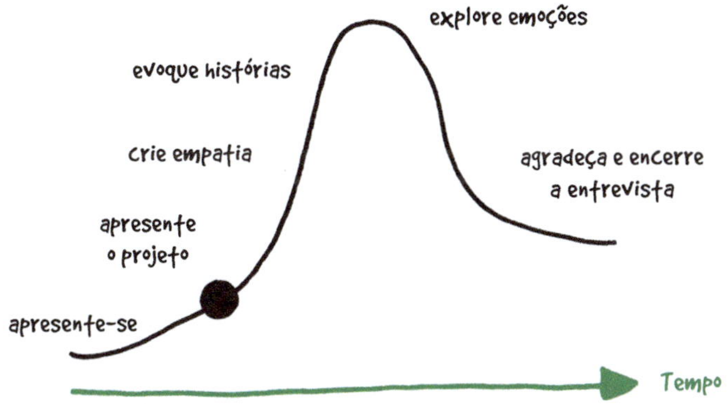

Fonte: D.SCHOOL, 2011.

1. Apresentar-se – Ao chegar ao local da entrevista, a dupla de design thinkers deve se apresentar e informar em que instituição trabalham e a função que exercem nessa instituição. Em seguida, devem pedir autorização para começar e registrar a entrevista.
2. Apresentar o projeto – O design thinker entrevistador deve explicar o objetivo da entrevista no contexto do projeto desenvolvido a partir da perspectiva do DT. Um design thinker senta perto do entrevistado e conduz a entrevista fazendo as perguntas elaboradas previamente e o outro senta em um canto da sala e grava a conversa ou anota as respostas dadas pelo entrevistado.
3. Criar empatia – O design thinker entrevistador deve mostrar real interesse em conhecer os desafios, desejos, motivações e necessidades do entrevistado.
4. Evocar histórias – As perguntas elaboradas previamente e que evocam histórias devem ser feitas nesse momento.

ESTRATÉGIA

07

5. Explorar emoções – O entrevistado deve ser motivado a expressar seus sentimentos, sonhos, ideias, frustrações ou qualquer outra emoção que permita que o entrevistador entenda o problema de forma empática.
6. Agradecer e encerrar a entrevista – Depois que obtiver as informações que precisa, o entrevistador deve agradecer o entrevistado pelo tempo e pelas respostas dadas e encerrar a entrevista.

Pontos a serem considerados pelo entrevistador:

- ficar atento a sinais não verbais, como linguagem corporal e emoções expressas pelo entrevistado;
- respeitar os momentos de silêncio que podem ocorrer durante a entrevista. Nesses momentos, o entrevistado está pensando no que disse e pode falar algo mais profundo a seguir, se o entrevistador souber lidar com essas pausas na conversa.

C) **Em entrevistas em grupo** é recomendável seguir o mesmo roteiro apresentado no item **A**. Entretanto, o entrevistador deve fazer o que segue.

1. Formar grupos com 6 e 10 participantes. As características dos participantes da entrevista em grupo devem ser variadas com relação a: idade, sexo, perfil socioeconômico, nível de conhecimento e envolvimento com o desafio estratégico etc.
2. Observar que o fator "controle do tempo" é fundamental para que a entrevista em grupo não fique cansativa. O entrevistador deve combinar com o grupo os horários de início e término da entrevista e cumpri-los.
3. Saber que entrevistas em grupo tendem a promover *insights*, isto é, com o compartilhamento de crenças, atitudes, comportamentos e desejos, os participantes refletem a respeito e aprendem com a troca de experiências e opiniões. Por isso, nesses momentos um grande número de visões e ideias sobre o desafio estratégico pode ser gerado e compartilhado. Assim, é fundamental que o entrevistador saiba realizar a entrevista de forma adequada. Ele deve lembrar que:
   - a dinâmica do grupo pode ser um fator sinergético no fornecimento de informações, isto é, o relato de um participante tem influência nos relatos subsequentes dos demais. Dessa maneira, a união dos vários relatos pode causar um efeito maior que a soma de relatos individuais.

ESTRATÉGIA
07

4. Estar ciente de que existem alguns perigos que podem comprometer a qualidade de uma entrevista em grupo e que devem ser evitados pelo entrevistador. As tendências grupais podem levar a:
   - *conformidade* – quando alguns participantes não compartilham informações com o grupo que possivelmente apareceriam em entrevista individual;
   - *polarização* – quando os participantes expressam mais informações que fogem do escopo temático nas situações de grupo do que em uma situação individual.

D) **Depois de realizar a entrevista individual ou em grupo**, a dupla de design thinkers deve organizar os dados coletados transcrevendo-os ou categorizando-os a fim de que possam ser compartilhados com os outros design thinkers na reunião de Análise dos dados coletados (ver estratégia 09).

ESTRATÉGIA

08

Autodocumentação

O que é?

Representantes das partes interessadas selecionados no Plano de coleta de dados (ver estratégia 05) fazem um registro de sua rotina e, depois, compartilham os dados com os design thinkers para subsidiá-los na compreensão do problema analisado.

Participantes

- 2 a 4 design thinkers
- 2 a 4 representantes das partes interessadas que farão a autodocumentação

Objetivo

Orientar a autodocumentação a ser realizada por representantes das partes interessadas envolvidos no desafio estratégico.

Tempo necessário

- 20 minutos para os design thinkers orientarem aqueles que farão a autodocumentação
- 2 dias para que os representantes das partes interessadas realizem a autodocumentação

Materiais

- Filmadora, *tablet* ou celular para registrar a rotina.
- Blocos de notas, cartões ou espaços digitais para registrar anotações.

ESTRATÉGIA
08

O que fazer?

A) **Antes de começar a autodocumentação**, é recomendável que um design thinker realize uma reunião com a parte interessada com os objetivos a seguir.

1. Apresentar o escopo do projeto.
2. Entregar à parte interessada uma cópia do formulário de autodocumentação apresentado a seguir. Alguns campos devem ser preenchidos pelo design thinker durante a reunião de orientação para a autodocumentação, como o nome completo da pessoa (item 1).
3. Combinar com a parte interessada aspectos a serem registrados durante a autodocumentação (item 2), recursos usados para fazer os registros (item 3) e como/quando os dados registrados lhe serão encaminhados (item 5). Todos esses campos do formulário são preenchidos pelo design thinker.
4. Esclarecer que, durante os dois dias em que a autodocumentação for realizada, a parte interessada precisa indicar os horários e principais atividade de sua rotina (item 4). Esse documento deve ser entregue ao design thinker na data combinada junto com os registros realizados.
5. Indicar que está disponível para sanar dúvidas sobre o processo.

B) **Depois que os dados coletados forem entregues ao design thinker**, é recomendável:

1. Agendar uma conversa com a parte interessada que realizou a autodocumentação e verificar o material junto com ela.
2. Perguntar sobre aspectos específicos que deseja saber e que não ficaram claros nas informações contidas na autodocumentação.

FORMULÁRIO 5.2 Formulário a ser preenchido na estratégia Autodocumentação

FORMULÁRIO DE AUTODOCUMENTAÇÃO	
1) Nome completo*	
2) Aspectos relevantes da rotina a serem autodocumentados* (exemplos: atividades realizadas, sentimentos, comportamentos, desafios etc.)	1.
	2.
	3.
	4.
	5.
	6.

ESTRATÉGIA

08

FORMULÁRIO DE AUTODOCUMENTAÇÃO			
3) Recursos usados para registrar aspectos relevantes da rotina diária* (exemplos: diário escrito, fotos, vídeos curtos, áudios etc.)	1.		
	2.		
	3.		
	4.		
4) Registro das principais atividades de sua rotina (atreladas ao desafio estratégico)**	Data	Horário	Atividade
5) Como e quando os dados serão registrados e encaminhados para os design thinkers?*			

*Campo a ser preenchido pelo design thinker.

**Campo a ser preenchido pela parte interessada que fará a autodocumentação.

Fonte: elaborado pelas autoras.

Baixe este formulário no QR Code a seguir.

uqr.to/23fww

ESTRATÉGIA

09

Análise dos dados coletados

O que é?

Reunião com os design thinkers participantes do projeto para apresentação, categorização, comparação e análise dos dados coletados na imersão, entrevista empática e autodocumentação.

Participantes

- 1 líder de projeto
- 4 a 10 design thinkers

Objetivo

Analisar os dados coletados na imersão, entrevista empática e autodocumentação.

Tempo necessário

1 a 2 horas

Materiais

- Blocos de notas, cartões ou espaços digitais para registrar anotações.
- Cartolina, *flip-chart*, lousa, tela digital ou projetor de *slides*.
- Canetinhas coloridas, lápis de cor, pincel atômico ou canetas.
- Fita adesiva.

ESTRATÉGIA

09

O que fazer?

Ao terminar a coleta de dados, os design thinkers devem realizar uma reunião na qual o líder de projeto irá orientá-los a apresentar, categorizar, comparar os dados coletados durante as imersões, entrevistas empáticas e autodocumentações.

Nesse momento, é recomendável fazer o que segue.

1. Identificar categorias temáticas e padrões que emergiram das necessidades e desejos das partes interessadas.
2. Compartilhar os *insights* que os design thinkers tiveram durante a coleta de dados.
3. Compartilhar histórias ouvidas e outros aspectos observados ou vividos.
4. Organizar as informações de forma estruturada. Isso pode ser feito com blocos de notas colados na parede segundo categorias identificadas, utilizando-se um *flip-chart*, lousa ou ainda projetor de *slides* e até mesmo ferramentas colaborativas como o Google Docs.
5. Alocar outras informações que tenham sido coletadas – como recortes de jornais, folhetos, anúncios etc. – nas respectivas categorias. Assim é possível ter uma visão mais abrangente do problema analisado.

FIGURA 5.3 Exemplo da estratégia Análise dos dados coletados

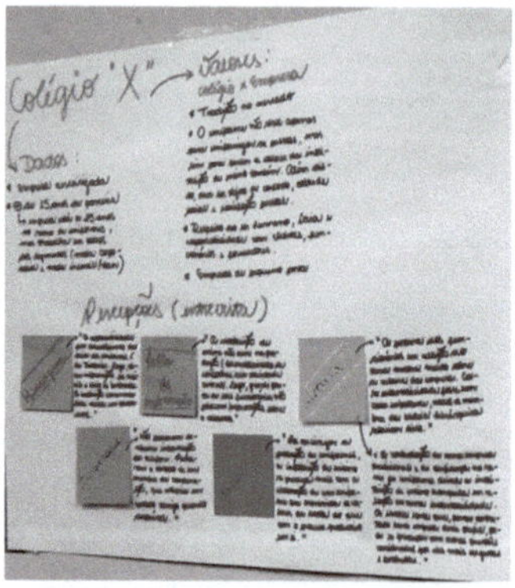

Foto: Divulgação de Encontros de Sustentabilidade – Faculdade de Economia e Administração da USP

Imagem reproduzida com a autorização dos participantes do *workshop* Design thinking no desenvolvimento de soluções sustentáveis, ministrado por Carolina Costa Cavalcanti, João Paulo Bittencourt e Vitor Takeshi no evento Encontros de Sustentabilidade – FEA-USP, realizado em agosto de 2015.

ESTRATÉGIA

10

Persona

O que é?

A *persona* é uma estratégia de síntese na qual os design thinkers criam personagens fictícios que tenham as mesmas características que os participantes da coleta de dados.

Participantes

- 1 líder de projeto
- 4 a 10 design thinkers

Objetivo

Preparar o perfil de pessoas fictícias que tenham as mesmas características das partes interessadas no desafio estratégico.

Tempo necessário

1 a 2 horas

Materiais

- Blocos de notas comuns ou autoadesivas, cartões ou recursos digitais (como *tablets*) para registrar anotações.
- Cartolina, *flip-chart*, lousa, tela digital ou projetor de *slides*.
- Canetinhas coloridas, lápis de cor, pincel atômico ou canetas.

ESTRATÉGIA
10

- Revistas ou banco de imagens.
- Tesoura e cola.
- Fita adesiva.

O que fazer?

Com base nas informações obtidas na Análise dos dados coletados (ver estratégia 09), o líder de projeto organiza a criação de *personas*. Para isso, deve:

1. Definir com o grupo de design thinkers quantos perfis precisam ser criados para que as partes interessadas sejam representadas na forma de *personas*.
2. Dividir os design thinkers em grupos menores e solicitar a cada grupo que fique responsável pela composição de uma ou duas *personas*.
3. Utilizar cartolina, *flip-chart*, lousa ou tela digital para incluir os seguintes dados da *persona* criada:
   - nome (pensar em um nome criativo que represente esses *stakeholders*);
   - características pessoais (sexo, idade, estado civil, profissão, *hobbies* etc.);
   - objetivos, motivações e sonhos;
   - desafios.
4. Desenhar a *persona* ou incluir uma imagem que a represente.
5. Redigir uma frase emblemática que represente o lema da *persona*.

ESTRATÉGIA
10

FIGURAS 5.4 E 5.5 Exemplos da estratégia *persona*

Foto: Acervo Saraiva Educação

Foto: Acervo Saraiva Educação

Material reproduzido com autorização dos participantes do minicurso Design thinking para inovar na educação a distância, ministrado por Carolina Costa Cavalcanti no 21º Congresso Internacional Abed de Educação a Distância, em outubro de 2015.

ESTRATÉGIA

11

Mapa da empatia

O que é?

O Mapa da empatia é um documento que visa descrever o que alguém diz, faz, pensa e sente. Ajuda a enxergar o problema a partir da perspectiva do outro e, dessa forma, imaginar o que ele pensa e sente em relação ao desafio estratégico.

Participantes

- 1 líder de projeto
- 4 a 10 design thinkers

Objetivo

Interpretar o significado intrínseco das experiências vividas na coleta de dados com a finalidade de obter *insights*.

Tempo necessário

30 a 60 minutos

Materiais

- Blocos de notas comuns ou autoadesivas, cartões ou recursos digitais (como *tablets*) para registrar anotações.
- Cartolina, *flip-chart*, lousa, tela digital ou projetor de *slides*.

ESTRATÉGIA
11

- Canetinhas coloridas, lápis de cor, pincel atômico ou canetas.
- Revistas ou banco de imagens.
- Tesoura e cola.
- Fita adesiva.

O que fazer?

Em uma reunião, o líder de projeto deve orientar os design thinkers a elaborar um Mapa da empatia a partir de uma matriz disponível nesta estratégia, levando em consideração os seguintes passos.

1. Descrever brevemente no centro da cartolina, *flip-chart*, arquivo digital etc. quem é a parte interessada analisada.
2. Colocar em cada canto do local onde os registros serão realizados as seguintes categorias, que devem ser preenchidas a partir dos dados coletados e das impressões dos design thinkers: *diz, faz, pensa* e *sente*.

   A matriz pode ser tão simples quanto um quadro com as palavras-chave:

DIZ	PENSA
FAZ	SENTE

   Ou pode ser algo mais visual, que represente graficamente os quatro aspectos, como:

ESTRATÉGIA
11

FIGURA 5.6 Mapa da empatia

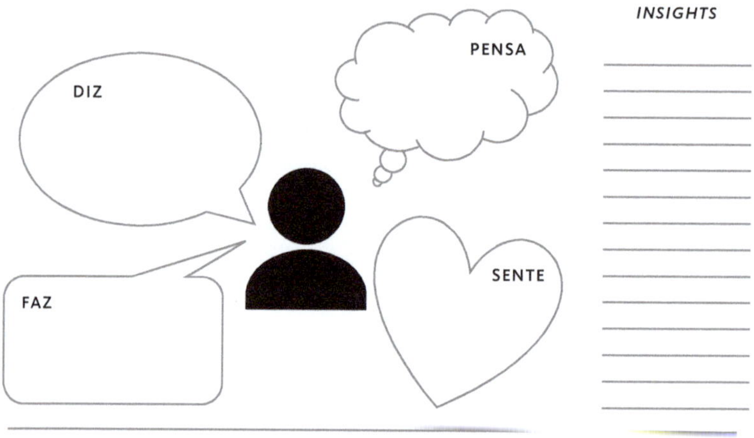

Fonte: elaborada pelas autoras com base no material do curso online Design Thinking Action Lab, realizado em 2013 pela Universidade Stanford.

Baixe esta figura no QR Code a seguir.

uqr.to/23fwx

3. Incluir no Mapa da empatia uma caixa de texto na qual poderão ser anotados *insights* e ideias surgidos durante a coleta de dados.

FIGURA 5.7 Exemplo da estratégia Mapa da empatia

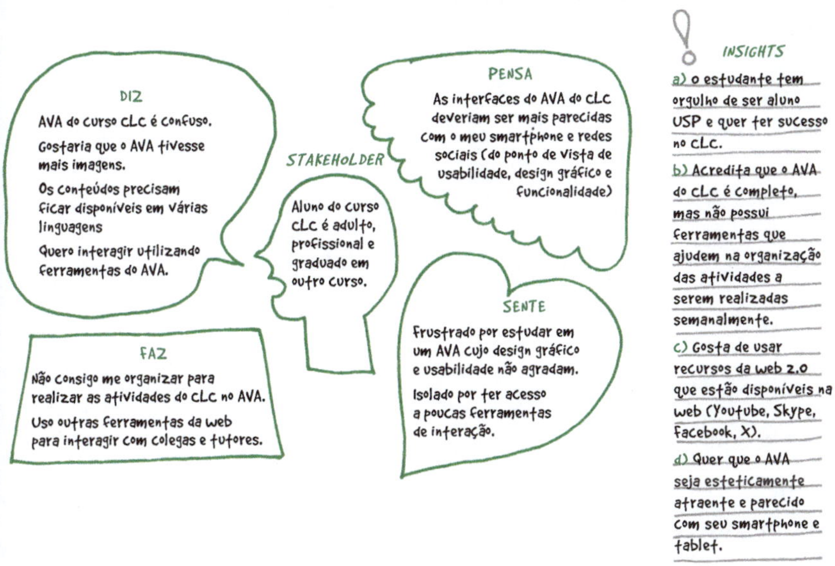

Fonte: CAVALCANTI, 2015, p. 157.

O mapa contém informações dos estudantes do curso de Licenciatura em Ciências da USP/Univesp.

ESTRATÉGIA

12

Mapa da Jornada do Usuário

O que é?

O Mapa da Jornada do Usuário é um documento visual que descreve a experiência de um usuário ao interagir com um produto ou serviço, desde o primeiro contato até o pós-uso. Ele ajuda a identificar pontos de contato críticos e oportunidades de melhoria ao longo de toda a jornada.

Participantes

- 1 líder de projeto
- 4 a 10 design thinkers

Objetivo

Entender as etapas e as emoções vividas pelo usuário ao longo de sua interação com um produto ou serviço, permitindo identificar áreas de melhoria e oportunidades de inovação.

Tempo necessário

60 a 90 minutos

Materiais

- Blocos de notas comuns ou autoadesivas, cartões ou recursos digitais (como *tablets*) para registrar anotações.
- Cartolina, *flip-chart*, lousa, tela digital ou projetor de *slides*.

ESTRATÉGIA
12

- Canetinhas coloridas, lápis de cor, pincel atômico ou canetas.
- Revistas ou banco de imagens.
- Tesoura e cola.
- Fita adesiva.

O que fazer?

Em uma reunião, o líder de projeto deve orientar os design thinkers a elaborar um Mapa da Jornada do Usuário a partir de uma matriz disponível nessa estratégia, levando em consideração os seguintes passos:

1. Listar todas as etapas que o usuário percorre, desde o primeiro contato até o uso contínuo ou término do serviço/produto, incluindo pós-venda, suporte técnico ou qualquer outra ação de relacionamento de longo prazo com a instituição fornecedora.
2. Mapear todos os pontos de contato entre o usuário e o produto/serviço em cada etapa da jornada.
3. Em cada ponto de contato, anotar as emoções e os sentimentos do usuário, identificando momentos de satisfação, frustração e dúvidas, entre outros.
4. Com base nas emoções e nos *feedbacks* dos usuários, discutir e registrar oportunidades de melhoria para cada etapa da jornada.

A matriz pode ser tão simples quanto um quadro com as etapas, os pontos de contato, as emoções e os sentimentos, e as oportunidades de melhoria, como no exemplo a seguir.

ESTRATÉGIA
12

ETAPA	PONTO DE CONTATO	EMOÇÕES/ SENTIMENTOS	OPORTUNIDADES DE MELHORIA
Primeiro contato	Anúncios, redes sociais	Curiosidade, interesse	Melhorar o direcionamento de anúncios
Pesquisa	*Site*, *blog*, *reviews*	Confiança, dúvidas	Otimizar informações e FAQ
Compra	*Site*, loja física	Satisfação, ansiedade	Simplificar processo de compra
Recebimento do produto	Sistema de entrega, embalagem	Alegria, expectativa	Melhorar embalagem e reduzir o tempo de entrega
Uso inicial	Manual do produto, suporte técnico online	Confusão, aprendizado	Tornar o manual mais intuitivo
Uso contínuo	Produto, serviço, aplicativo	Satisfação, frustração	Atualizar funcionalidades conforme *feedback*
Suporte técnico	Atendimento telefônico, *chat* online	Alívio, impaciência	Melhorar tempo de resposta e resolução
Pós-venda	*E-mails*, pesquisas de satisfação	Fidelidade, satisfação	Personalizar ofertas e comunicações
Relacionamento de longo prazo	*Newsletters*, comunidade online	Engajamento, lealdade à marca	Criar programas de fidelidade

ESTRATÉGIA
12

O Mapa da Jornada do Usuário também pode ser representado graficamente, mostrando a variação das emoções dos usuários ao longo das diferentes etapas.

O gráfico de linha a seguir representa as emoções médias dos usuários em diferentes etapas de sua interação, desde o primeiro contato até o relacionamento de longo prazo com um produto ou serviço. As emoções são quantificadas em uma escala de 0 a 10, em que 0 representa extrema insatisfação e 10, extrema satisfação.

GRÁFICO 5.2 Mapa da Jornada do Usuário

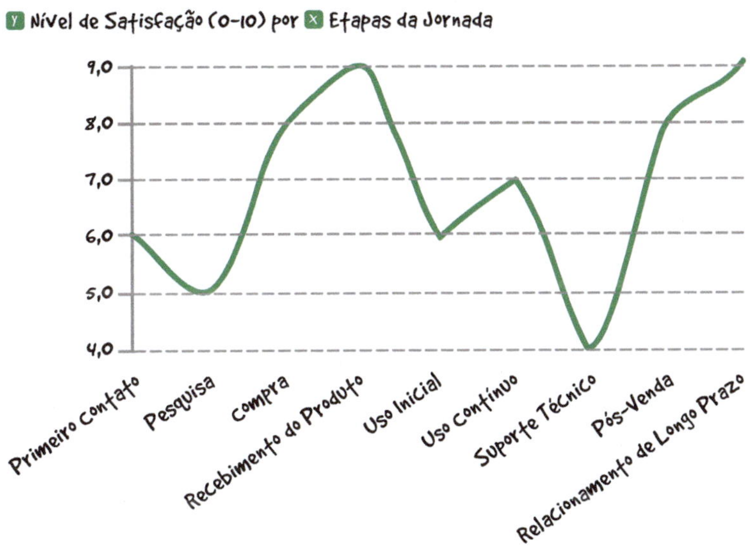

Fonte: elaborado pelas autoras.

ESTRATÉGIA

13

Refinando o problema

O que é?

Esta estratégia geralmente é a primeira a ser adotada na etapa Projetar soluções, pois ajuda a refinar o problema que deu origem ao desafio estratégico, o qual pode necessitar de revisão após a análise dos dados coletados.

Participantes

- 1 líder de projeto
- 4 a 10 design thinkers

Objetivo

Refinar e validar o problema a ser resolvido com o uso do design thinking.

Tempo necessário

40 a 60 minutos

Materiais

- Blocos de notas, cartões ou espaços digitais para registrar anotações.
- Papel para rascunho.
- Cartolina, *flip-chart*, lousa, tela digital ou projetor de *slides*.

ESTRATÉGIA 13

- Canetinhas coloridas, lápis de cor, pincel atômico ou canetas.
- Fita adesiva.

O que fazer?

Em uma reunião, os design thinkers, considerando as orientações do líder de projeto, devem fazer o que segue.

1. Refinar o problema, construindo e registrando em papel rascunho, cartolina, *flip-chart* ou arquivo digital uma frase que apresente aspectos significativos do problema analisado.

   Um exemplo de frase que pode ser elaborada para refinar o problema é:

   "________ (nome e características da pessoa ou partes interessadas ouvidas e observadas) precisa ________ (usar verbos para descrever as necessidades detectadas) porque ________ (incluir principais *insights*)."

> Aqui é necessário ser o mais específico possível, a fim de reunir informações que possam de fato auxiliar o refinamento do problema e do desafio estratégico.
>
> Por exemplo, em vez de redigir uma frase como:
>
> "Um operário precisa de orientação para reduzir o desperdício porque isso é importante para a sustentabilidade da empresa",
>
> é melhor incluir informações significativas como:
>
> "Um operário da linha de produção de embalagens, que trabalha em turnos de 12 horas e tem conhecimento básico sobre práticas sustentáveis, precisa de treinamento detalhado e de ferramentas específicas para minimizar o desperdício de material durante o processo de produção, porque a falta de conhecimento e os recursos inadequados são os principais fatores que contribuem para o excesso de resíduos gerados, impactando negativamente tanto os custos da empresa quanto o meio ambiente."
>
> A primeira frase é genérica demais e não retrata o trabalho de coleta de dados que foi realizado. Os detalhes e significados encontrados na segunda frase devem ajudar de forma mais efetiva os design thinkers durante a projeção de soluções.

ESTRATÉGIA

13

2. Refinado o problema, cada design thinker deve responder às seguintes questões para obter uma validação final:
   - Qual é a importância do problema refinado no contexto analisado?
   - Quem disse o quê?
   - O que há de novo?
   - Quem se importa com o problema?

Ao responder a essas questões, os designers thinkers estarão definindo a relevância do problema a ser trabalhado no projeto.

FIGURA 5.8 Exemplo da estratégia "Refinando o problema"

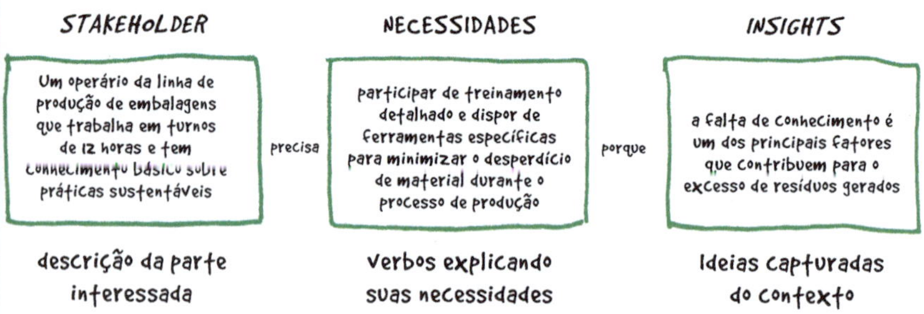

Fonte: adaptada de CAVALCANTI, 2015, p. 157.

O problema refinado contém informações dos estudantes do curso de Licenciatura em Ciências da USP/UNIVESP.

ESTRATÉGIA

14

Perguntas do tipo "Como podemos...?"

O que é?

Elaboração de perguntas do tipo "Como podemos...?", que serão respondidas pelos participantes da sessão de *brainstorming* (ver estratégia 15).

Participantes

2 a 4 design thinkers

Objetivo

Elaborar perguntas com potencial para estimular a criação de soluções durante a sessão de *brainstorming*.

Tempo necessário

1 a 2 horas

Materiais

- Blocos de notas, cartões ou espaços digitais para registrar anotações.
- Cartolina, *flip-chart*, lousa, tela digital ou projetor de *slides*.
- Canetinhas coloridas, lápis de cor, pincel atômico ou canetas.

ESTRATÉGIA
14

O que fazer?

O líder de projeto deve reunir alguns design thinkers para elaborar perguntas a partir dos itens constantes nos campos Necessidades e *Insights* do problema refinado (ver estratégia 13).

1. As perguntas do tipo "Como podemos...?" devem ser curtas, pois assim são mais claras e geram respostas objetivas.

> Recomenda-se evitar a elaboração de perguntas que já contenham a "solução" para o problema. Por exemplo, a pergunta:
>
> "Como podemos criar um *chatbot* para melhorar o suporte técnico e engajamento dos clientes na plataforma de compras?"
>
> já traz uma provável "solução" para melhorar a satisfação e o engajamento dos clientes. Perguntas mais adequadas seriam:
>
> "Como podemos melhorar a interface de usuário para torná-la mais intuitiva e amigável?"
>
> "Como podemos garantir que o suporte técnico seja mais responsivo e eficiente?"
>
> "Como podemos reduzir o tempo de carregamento dos vídeos na plataforma?"
>
> Essas perguntas abrem uma janela maior de possibilidades para que soluções sejam criadas.

2. É necessário elaborar o maior número possível de perguntas. Uma variação das perguntas do tipo "Como podemos?" é usar "E se...?" no começo da questão.
3. Depois que uma série de perguntas tiver sido elaborada, é necessário selecionar as 4 ou 5 melhores, ou seja, aquelas que têm potencial de estimular a criação de soluções inovadoras durante a sessão de *brainstorming*.

ESTRATÉGIA

15

Brainstorming

O que é?

Dinâmica de grupo usada para a criação e a categorização conjunta de ideias visando solucionar um problema ou conceber algo novo.

Participantes

- 1 líder de projeto
- 6 a 10 design thinkers

Objetivo

Criar e categorizar ideias em sessão de *brainstorming* (chuva de ideias).

Tempo necessário

45 a 60 minutos

Materiais

- Blocos de notas autoadesivas, cartões ou espaços digitais para registrar anotações.
- Cartolina, *flip-chart*, lousa, tela digital ou projetor de *slides*.
- Canetinhas coloridas, lápis de cor, pincel atômico ou canetas.
- Fita adesiva.

ESTRATÉGIA

15

O que fazer?

Para que uma sessão de *brainstorming* seja produtiva, é preciso que o líder de projeto que irá atuar como facilitador prepare os ambientes e os participantes. Para isso, recomenda-se o roteiro a seguir.

1. Organizar a sala de reuniões com mesas ou cadeiras em círculo e deixar disponíveis materiais nos quais as ideias possam ser anotadas. É importante criar um ambiente adequado para o *brainstorming*, pois ajudará na geração de novas ideias.
2. Iniciar a sessão apresentando as regras do *brainstorming* aos design thinkers participantes.

> Algumas regras comuns ao *brainstorming* são:
>
> - incentivar a geração de ideias;
> - evitar julgar as ideias levantadas por outras pessoas;
> - construir novas ideias a partir das ideias sugeridas por outras pessoas;
> - focar em soluções que resolvam o problema que foi refinado tendo em mente as variadas perspectivas das partes interessadas;
> - separar tempo para ouvir todas as ideias dos participantes;
> - desenhar imagens que representem ideias;
> - produzir grande quantidade de ideias;
> - avisar os participantes que a sessão deve ter um tempo delimitado (o recomendável é no máximo 60 minutos).

3. Realizar uma atividade de aquecimento para os participantes começarem a gerar ideias antes de começar a sessão de *brainstorming* propriamente dita. A atividade deve ser sobre um tema diferente daquele tratado no projeto.

   Exemplos:

   - desenhar o *layout* do escritório dos seus sonhos;
   - indicar quais foram os melhores projetos em que já trabalhou em toda a sua carreira.

4. Escrever em *flip-chart*, lousa ou tela digital a primeira questão da sessão. Ao todo, devem ser feitas de 4 a 5 questões que foram preparadas anteriormente e começam com "Como podemos...?" (ver estratégia 14).

ESTRATÉGIA
15

Os design thinkers devem anotar suas respostas individualmente por alguns minutos, focando nas possíveis soluções para o problema analisado. Aqui o enfoque é a quantidade, e não a qualidade das ideias propostas.

> Durante a sessão de *brainstorming* é fundamental que o líder de projeto mantenha a energia dos participantes. Se perceber que não estão conseguindo ter ideias, podem-se lançar perguntas intermediárias, como:
>
> - **Como podemos** adicionar, remover ou modificar soluções a partir de soluções que já existem?
> - Como podemos resolver o problema sem gastar dinheiro nenhum?
> - **E se** tivéssemos recursos financeiros ilimitados?
> - Como podemos criar a solução ideal? (Não limite a sua ideia.)
> - **E se** pudéssemos implementar a solução dos sonhos de um dos entrevistados?

5. Quando o tempo do apontamento individual de ideias terminar, é hora de compartilhar as ideias geradas.

   Os blocos de notas autoadesivas em que foram anotadas as ideias semelhantes ou complementares devem ser agrupados. Aqui é importante associar ideias que são complementares ou ainda usar uma ideia para melhorar outra. É nesse momento que ocorre a cocriação.

   No ciclo de apresentação das perguntas do tipo "Como podemos...?", a criação, o compartilhamento e a categorização de ideias geradas deve repetir-se até que as quatro ou cinco perguntas preparadas para a sessão sejam respondidas.

Por fim, as melhores ideias devem ser selecionadas, segundo descrito na estratégia 16. Cabe destacar que é possível realizar uma sessão de *brainstorming* com representantes das partes interessadas para criar soluções em parceria, conforme descrito na estratégia 17.

ESTRATÉGIA

16

Escolha das melhores ideias

O que é?

Estratégia em que os design thinkers participantes da sessão de *brainstorming* (ver estratégia 15) selecionam as melhores ideias para que sejam prototipadas.

Participantes

- 1 líder de projeto
- 6 a 10 design thinkers

Objetivo

Escolher as melhores ideias criadas durante a sessão de *brainstorming* (ver estratégia 15).

Tempo necessário

30 a 40 minutos

Materiais

- Blocos de notas, cartões ou espaços digitais para registrar anotações.
- Cartolina, *flip-chart*, lousa, tela digital ou projetor de *slides*.
- Canetinhas coloridas, lápis de cor, pincel atômico ou canetas.
- Fita adesiva.

ESTRATÉGIA
16

O que fazer?

Esta estratégia deve ser aplicada na mesma reunião em que for realizada a sessão de *brainstorming*. Depois que as ideias criadas forem compartilhadas entre os design thinkers, o líder de projeto deve dar as seguintes orientações a eles.

1. Explorar as semelhanças, diferenças, inter-relações e ordenar as ideias em categorias. Buscar relações entre as categorias identificadas para agrupar e reagrupar as ideias geradas individual e colaborativamente.
2. Selecionar (em silêncio e individualmente) as duas ideias compartilhadas de que mais gostou, conforme os seguintes requisitos:
   - a ideia mais prática - aquela que poderia ser facilmente implementada;
   - a ideia mais inovadora - aquela que causaria um enorme impacto, independentemente de ser viável ou acessível.
3. Indicar as ideias selecionadas de forma visual, com algum destaque gráfico (por exemplo, colar uma figurinha dourada ou marcar com a canetinha o bloco de notas no qual as ideias estão descritas).
4. Contar os votos para identificar as cinco ideias mais votadas.
5. Checar se as ideias mais votadas atendem aos filtros do DT: desejo, praticabilidade e viabilidade (ver Capítulo 1).
6. Escolher até três ideias favoritas do grupo que poderiam ser prototipadas.

A estratégia Escolha das melhores ideias está vinculada à estratégia 17 – Projeto participativo – na qual as partes interessadas e design thinkers participam de um *brainstorming* para criar soluções em parceria. Depois, as melhores soluções criadas precisam ser selecionadas utilizando-se a estratégia 16.

ESTRATÉGIA

17

Projeto participativo

O que é?

Dinâmica de grupo na qual design thinkers e representantes das partes interessadas participam de uma sessão de *brainstorming* a fim de projetar soluções para o problema analisado em parceria.

Participantes

- 1 líder de projeto
- 2 a 4 design thinkers
- representantes das partes interessadas

Objetivo

Convidar especialistas e leigos representantes das partes interessadas para criar soluções em uma sessão de *brainstorming*.

Tempo necessário

40 a 60 minutos

Materiais

- Blocos de notas, cartões ou espaços digitais para registrar anotações.
- Cartolina, *flip-chart*, lousa, tela digital ou projetor de *slides*.

ESTRATÉGIA
17

- Canetinhas coloridas, lápis de cor, pincel atômico ou canetas.
- Fita adesiva.

O que fazer?

Representantes das partes interessadas devem participar de uma sessão de *brainstorming* facilitada pelo líder de projeto, que seguirá as orientações propostas nas estratégias 15 (*Brainstorming*) e 16 (Escolha das melhores ideias). A participação de pessoas diretamente envolvidas no desafio estratégico ajudará na geração de ideias centradas no desejo das partes interessadas.

ESTRATÉGIA

18

Prototipagem rápida

O que é?

Criação rápida de protótipos para representar visualmente as soluções propostas pelos design thinkers ao problema enfrentado pelas partes interessadas.

Participantes

- 1 líder de projeto
- 4 a 10 design thinkers

Objetivo

Prototipar e testar rapidamente as melhores ideias selecionadas na estratégia 16.

Tempo necessário

1 a 2 horas

Materiais

- Papel, tesoura, cola, cartolina, canetinhas, elástico, isopor, massinha, clipes, grampeador, fita adesiva.

ESTRATÉGIA
18

- Também é possível preparar protótipos utilizando *softwares* específicos, como InVision,[3] Prezi,[4] filmadora ou recursos disponíveis em celulares e *tablets*.

O que fazer?

Esta estratégia deve ser aplicada na mesma reunião em que forem realizadas as estratégias 15 ou 17 (*Brainstorming* ou Projeto participativo) e 16 (Escolha das melhores ideias) ou em um encontro que deve ocorrer no máximo uma semana depois da geração das ideias a serem prototipadas.

O líder de projeto deve:

1. Dividir os design thinkers em duplas ou trios. Cada dupla ou trio irá prototipar uma das três ideias favoritas, selecionadas na estratégia 16.
2. Usando materiais disponibilizados na sala, como papel, cartolina, canetinhas, cola, tesoura etc., criar, em até 20 minutos, um protótipo de uma das ideias selecionadas anteriormente.
3. O líder de projeto avisa quando chegar o momento de as duplas ou trios compartilharem os protótipos criados com os outros design thinkers para que eles anotem:
   - os aspectos positivos de cada opção apresentada;
   - o que poderia ser melhorado em cada opção;
   - qual dificuldade poderia inviabilizar a implantação dessa opção.
4. Esta estratégia ajuda os design thinkers a identificar as melhores opções e a se livrar daquelas que serão inviáveis de implementar.

   Se eles identificarem opções interessantes que possam ser prototipadas empaticamente com as partes interessadas, podem seguir adiante com a estratégia 19. Mas, se utilizaram somente a estratégia 15 (*Brainstorming*) e ainda não houver boas opções que possam ser implementadas para resolver o problema analisado, é preciso considerar uma nova sessão de *brainstorming* (agora talvez usando a estratégia 17 – Projeto participativo) para gerar novas e melhores ideias, ou então retomar algumas estratégias da etapa Compreender o problema.

---

3. InVision – ferramenta para criação de protótipos de páginas *web* que imita a lógica de navegação de um ambiente proposto, de modo que usuários possam acessar, navegar e visualizar o design gráfico das interfaces de um AVA sem que a parte de desenvolvimento de *software* tenha sido realizada. É, portanto, uma ferramenta de prototipagem rápida, que permite ao usuário vivenciar a experiência de navegar em uma página da *web* com o objetivo de indicar aspectos positivos e os problemas encontrados na proposta.
4. Prezi – *software* para a construção de apresentações não lineares em que todo o conteúdo é apresentado em uma estrutura única.

ESTRATÉGIA

18

A prototipagem pode ocorrer em vários ciclos. É comum que um protótipo precise ser testado e adequado algumas vezes antes que a solução proposta esteja amadurecida e pronta para ser implementada.

Como vimos no Capítulo 4, a criação de protótipos permite que ideias e soluções se tornem tangíveis e sejam avaliadas pelos design thinkers e partes interessadas.

Os protótipos não precisam ser necessariamente um objeto físico (ou o modelo físico de um produto). O importante é que representem visualmente as soluções projetadas.

Alguns exemplos de protótipos são:

- **desenhos** – descrevem graficamente um processo ou uma experiência, como ocorre no caso dos *storyboards*;
- **teatro** – representa uma história mostrando como seria um processo ou uma experiência;
- **diagramas, esquemas e fluxogramas de processos, serviços e políticas** – permitem a visualização de um processo, de etapas ou de partes de um produto.

ESTRATÉGIA
18

FIGURA 5.9 Exemplo da estratégia Prototipagem rápida para um aplicativo de *smartphone*

Foto: Acervo Saraiva Educação

Imagem utilizada com a autorização dos participantes do minicurso Design thinking para inovar na educação a distância, ofertado por Carolina Costa Cavalcanti no 21º Congresso Internacional Abed de Educação a Distância, realizado em outubro de 2015.

ESTRATÉGIA

18

FIGURA 5.10 Exemplo da estratégia Prototipagem rápida para uniformes escolares

Foto: Divulgação de Encontros de Sustentabilidade – Faculdade de Economia e Administração da USP

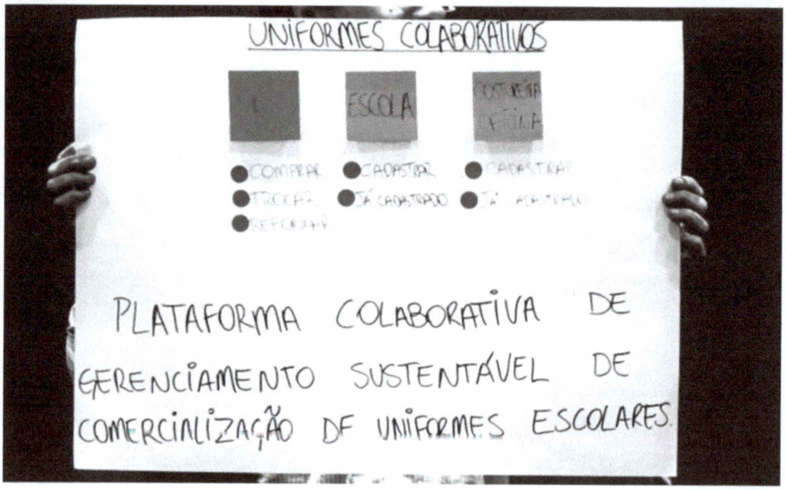

Imagem reproduzida com a autorização dos participantes do *workshop* Design thinking no desenvolvimento de soluções sustentáveis, ministrado por Carolina Costa Cavalcanti, João Paulo Bittencourt e Vitor Takeshi no evento Encontros de Sustentabilidade – FEA-USP, realizado em agosto de 2015.

ESTRATÉGIA

19

Prototipagem empática

O que é?

Criação dos melhores protótipos definidos na estratégia 18 (Prototipagem rápida) para que sejam aperfeiçoados e testados com as partes interessadas.

Participantes

- 1 líder de projeto
- 4 a 8 design thinkers
- prestadores de serviço (se necessário)

Objetivo

Recriar ou aperfeiçoar os protótipos selecionados na estratégia 18.

Tempo necessário

60 minutos ou mais

Materiais

- Papel, tesoura, cola, cartolina, canetinhas, elástico, isopor, massinha, clipes, grampeador, fita adesiva.

ESTRATÉGIA

19

- Também é possível preparar protótipos utilizando *softwares* específicos, como InVision e Prezi (mencionados na estratégia 18), filmadora ou recursos disponíveis em celulares e *tablets*.

O que fazer?

Alguns protótipos precisam ser mais bem elaborados antes que possam ser testados pelas partes interessadas. Assim, o líder de projeto deve dar as orientações a seguir aos design thinkers:

1. Avaliar como os protótipos rápidos selecionados na estratégia 18 podem ser melhorados antes de serem apresentados às partes interessadas e se eles próprios conseguem produzi-los. Por isso, esta estratégia é denominada Prototipagem empática, ou seja, os design thinkers devem se colocar no lugar das pessoas que irão testar o protótipo e determinar qual é a melhor maneira de apresentá-lo às partes interessadas.
2. Se for necessário, devem definir que prestadores de serviço podem ajudar na tarefa de preparar protótipos do ponto de vista técnico (exemplo: desenhistas, web designers, arquitetos, engenheiros etc.) para que as partes interessadas consigam entender rapidamente as soluções propostas no protótipo.

> O papel dos prestadores de serviço que irão aperfeiçoar ou criar os protótipos não é mudar as soluções criadas pelos design thinkers, mas representá-las visualmente de maneira mais adequada, antes que sejam apresentadas às partes interessadas.

3. Depois de definir se será necessário contratar serviços terceirizados para preparar os protótipos, é preciso escolher quem serão os prestadores de serviços e estabelecer os design thinkers responsáveis por contratar e validar os protótipos criados dentro dos prazos estabelecidos nessa reunião.
4. Uma vez que os protótipos elaborados por prestadores de serviço ou pelos próprios design thinkers estejam prontos, é necessário reunir o grupo para que sejam validados e para que as datas do teste do protótipo sejam definidas (ver estratégia 22).
5. O processo de encomendar e validar ou preparar e melhorar protótipos poder servir de inspiração para que os design thinkers tenham novas ideias ainda mais inovadoras.

ESTRATÉGIA
19

FIGURA 5.11 Exemplo da estratégia Prototipagem empática (parte 1 – criação do protótipo)

Foto: CAVALCANTI, 2015

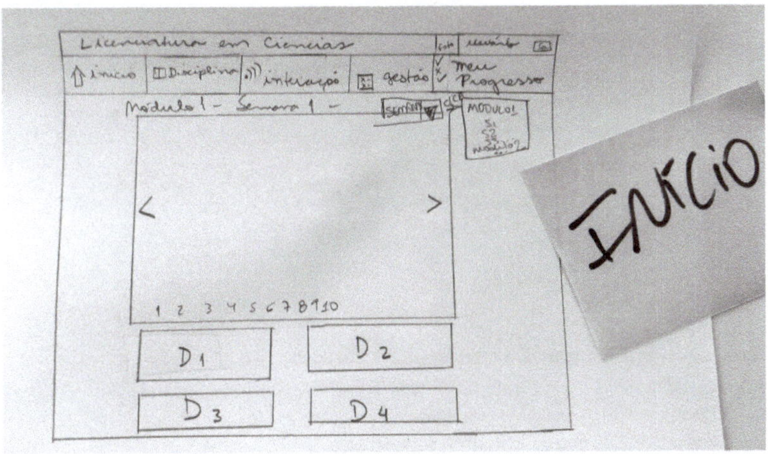

Página inicial do ambiente virtual aprendizagem (AVA) proposto para o curso de licenciatura em Ciências da USP.

ESTRATÉGIA

19

FIGURA 5.12 Exemplo da estratégia Prototipagem empática (parte 2 – produção do protótipo por equipe especializada)

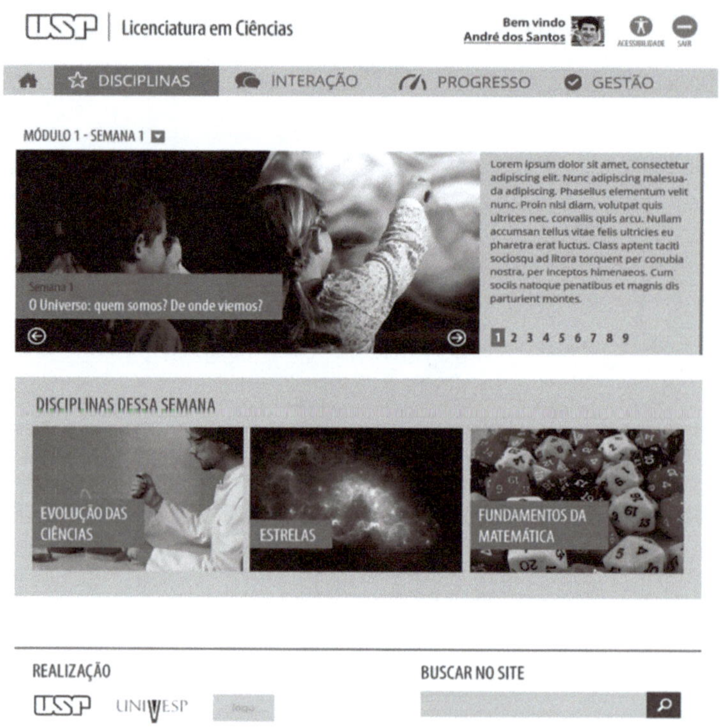

Fonte: CAVALCANTI, 2015.

Imagem da página inicial do AVA proposto para o curso de licenciatura em Ciências da USP por equipe designers da empresa Quantica na plataforma InVision durante a pesquisa de doutorado de Carolina Costa Cavalcanti.

ESTRATÉGIA

20

Prototipagem colaborativa

O que é?

Esta estratégia propõe que especialistas e leigos representantes das partes interessadas participem do processo de criação de protótipos.

Participantes

- 1 líder de projeto
- 1 a 2 design thinkers
- especialistas e leigos representantes das partes interessadas

Objetivo

Criar protótipos de forma colaborativa.

Tempo necessário

45 a 60 minutos

Materiais

- Papel, tesoura, cola, cartolina, canetinhas, elástico, isopor, massinha, clipes, grampeador, fita adesiva.

ESTRATÉGIA

20

- Também é possível preparar protótipos utilizando *softwares* específicos, como InVision e Prezi, filmadora ou recursos disponíveis em celulares e *tablets*.

O que fazer?

Frequentemente, os design thinkers criam protótipos com a intenção de que sejam testados e avaliados pelas pessoas envolvidas no problema analisado. Nesta estratégia, o líder de projeto reúne especialistas e leigos das partes interessadas com os propósitos a seguir.

1. Orientá-los a realizar a estratégia 18 (Prototipagem rápida) e elaborar protótipos para as soluções propostas na estratégia 17 (Projeto participativo) ou vislumbrar soluções simples para o problema analisado. Alguns exemplos de orientações que o líder de projeto pode dar para ajudar na prototipagem colaborativa são:
    - desenhar uma ferramenta ou aplicativo ideal que facilitaria sua rotina de trabalho;
    - criar o protótipo de uma estação de trabalho ergonômica utilizando materiais recicláveis;
    - selecionar imagens de revistas e jornais ou de bancos de imagens digitais que representem sua visão de um evento corporativo perfeito;
    - encenar uma reunião de *brainstorming* produtiva e inovadora;
    - utilizar blocos de construção ou peças de Lego® para representar o fluxo de trabalho ideal no seu departamento.
2. Orientar os design thinkers a observar os representantes das partes interessadas trabalhando no desenvolvimento dos protótipos rápidos. Eles devem prestar atenção em seus interesses, prioridades e desejos.

O objetivo desta estratégia não é necessariamente implantar o protótipo criado pelos especialistas e leigos participantes, mas levar design thinkers a compreender o modo como eles pensam, suas expectativas e os desafios que emergem nesse processo. Isso pode ajudá-los a identificar aspectos do problema que não haviam reconhecido em etapas anteriores.

ESTRATÉGIA

21

Rodada com especialistas

O que é?

Encontro com especialistas sobre o tema abordado para que avaliem os protótipos das soluções criadas e sugiram formas de aperfeiçoá-los.

Participantes

- 1 líder de projeto
- 2 a 4 design thinkers
- 2 especialistas convidados

Objetivo

Apresentar a especialistas convidados os protótipos criados para que sejam avaliados e sugiram melhorias.

Tempo necessário

40 a 60 minutos

Materiais

- *Tablet*, celular, computador.
- Cartolina, papel, canetas.
- Blocos de notas, cartões ou espaços digitais para registrar anotações.

ESTRATÉGIA

21

O que fazer?

A) Antes da rodada com especialistas, o líder de projeto deve convidar pessoas que possuam conhecimento técnico e experiência comprovada no tema abordado no projeto para participarem de uma rodada de avaliação dos protótipos criados pelos design thinkers. Os especialistas convidados podem ou não ter tido contato prévio com o contexto específico analisado. Ou seja, podem ser especialistas externos ou especialistas representantes das partes interessadas. Entretanto, não devem ter conhecimento prévio da(s) solução(ões) criada(s) pelos design thinkers.

Para preparar a rodada com especialistas, o líder de projeto deve:

1. Orientar os design thinkers a fim de que se organizem para participar da rodada com especialistas, na qual deverão apresentar de forma sintética:
   - o contexto investigado;
   - o problema que norteou o projeto em desenvolvimento;
   - o(s) protótipo(s) criado(s);
   - o(s) desafio(s) enfrentado(s) durante a concepção das soluções e protótipos;
   - o(s) desafio(s) futuro(s) para a implementação do protótipo.
2. Explicar a cada especialista convidado o objetivo da rodada e qual papel ele deve desempenhar no encontro.
3. Agendar a rodada com pelo menos uma semana de antecedência.
4. Escolher um local adequado para que o(s) protótipo(s) possa(m) ser apresentado(s) aos especialistas.

B) A rodada com especialistas deve ser conduzida da seguinte maneira:

1. O líder de projeto abre o encontro explicando para os design thinkers e especialistas qual é o objetivo da rodada e o tempo de duração previsto para a apresentação dos design thinkers e as considerações/avaliações dos especialistas.
2. Os design thinkers apresentam aos especialistas dentro do tempo pré-estipulado o contexto investigado; o problema que norteou o projeto em desenvolvimento; os protótipo(s) criado(s); os desafios enfrentados durante a concepção das soluções e protótipos; desafios futuros para a implementação do protótipo.
3. Cada especialista convidado deve:
   - levantar possíveis questionamentos que tenha sobre o contexto investigado e o problema a ser resolvido;

ESTRATÉGIA
21

- apresentar sugestões, críticas construtivas e opiniões variadas que ajudem os design thinkers a aperfeiçoar o(s) protótipo(s) apresentado(s). Esse é um momento de cocriação e de refinamento de ideias.

Esta estratégia pode ser adotada quando o DT é usado como abordagem de inovação, metodologia de solução de problemas e metodologia criativa de aprendizagem. Por isso, idealmente, em uma rodada com especialistas deve ser apresentado mais de um protótipo. Dessa maneira, o conhecimento técnico que possuem pode ser aproveitado para refinar várias soluções criadas, o que facilita a maturação de ideias apresentadas e a geração da inovação.

A rodada com especialistas também é um momento no qual os design thinkers podem observar como especialistas experientes agiriam para resolver o problema que lhes foi apresentado. Assim, os design thinkers observam e aprendem com os especialistas novas formas de resolver o problema analisado.

ESTRATÉGIA

22

Teste do protótipo

O que é?

Encontro com representantes das partes interessadas que irão testar os protótipos das soluções criadas.

Participantes

- 1 líder de projeto
- 2 a 4 design thinkers
- 5 a 10 representantes das partes interessadas

Objetivo

Testar os protótipos criados para verificar a relevância das ideias escolhidas visando resolver o problema analisado.

Tempo necessário

20 a 60 minutos

Materiais

- *Tablet*, celular, computador.
- Cartolina, papel, canetas.
- Blocos de notas, cartões ou espaços digitais para registrar anotações.

ESTRATÉGIA
22

O que fazer?

A) **Antes do teste de cada protótipo,** é recomendável que o líder de projeto reúna os design thinkers para orientá-los nas seguintes ações.

1. Selecionar as pessoas que testarão cada protótipo criado, dando preferência às que participaram da Imersão, das Entrevistas empáticas e da Autodocumentação na etapa Compreender o problema. É interessante que elas vejam e avaliem o resultado do trabalho realizado a partir da compreensão inicial de suas necessidades e expectativas.
2. Agendar a data do teste com certa antecedência.
3. Escolher um local adequado onde cada protótipo possa ser testado sem interrupções.

B) **No momento do teste de protótipo**, os design thinkers devem criar um ambiente acolhedor, no qual as partes interessadas sintam que suas críticas e elogios são bem-vindos, pois ajudarão a melhorar o protótipo. Nesse sentido, as atitudes dos design thinkers são fundamentais para que as opiniões emitidas sejam sinceras e construtivas. Para isso devem:

1. explicar às partes interessadas que o *feedback* é muito importante para que problema seja resolvido da melhor maneira possível;
2. apresentar o protótipo;
3. incentivar os representantes das partes interessadas a manipular o protótipo, fazer perguntas e propor sugestões para que ele seja adaptado ou melhorado.

Idealmente, em uma sessão de teste de protótipo, deve ser apresentado mais de um protótipo. Assim, o momento pode ser aproveitado para explorar variadas soluções, e não somente uma.

ESTRATÉGIA
22

O teste do protótipo dará subsídios para que a solução seja aperfeiçoada pelos design thinkers a partir de uma compreensão mais aprofundada do problema e das necessidades dos envolvidos. O teste serve para:

- **refinar as soluções –** o teste indica se as soluções criadas são adequadas e, por vezes, revela que é necessário conhecer um pouco melhor o problema antes de propor uma solução apropriada. Nesse caso, talvez seja necessário voltar à etapa Compreender o problema, do DT;
- **praticar a empatia –** o teste revela se os desejos e necessidades das partes interessadas foram materializados no protótipo ou não. A reação delas em relação ao protótipo pode inspirar design thinkers a conceber soluções nas quais não haviam pensado antes;
- **refinar, mais uma vez, o problema –** o teste do protótipo pode ajuda a identificar se o problema foi refinado da maneira correta.

ESTRATÉGIA

23

Matriz de *feedback*

O que é?

Sistematização dos dados coletados durante o teste de protótipos na forma de uma Matriz de *feedback*.

Participantes

- 1 líder de projeto
- 2 a 4 design thinkers
- 5 a 10 representantes das partes interessadas

Objetivo

Organizar os *feedbacks* coletados durante o teste de protótipos.

Tempo necessário

10 a 20 minutos

Materiais

- Blocos de notas, cartões ou espaços digitais para registrar anotações.
- Cartolina, *flip-chart*, lousa, tela digital ou projetor de *slides*.
- Canetinhas coloridas, lápis de cor, pincel atômico ou canetas.
- Fita adesiva.

ESTRATÉGIA

23

O que fazer?

Durante o teste de protótipo, deve-se ouvir o que as partes interessadas têm a dizer sobre as soluções projetadas pelos design thinkers. O procedimento a ser adotado é descrito na estratégia 21.

No final do teste, é importante coletar as impressões utilizando a Matriz de *feedback*. Para isso, as orientações aos design thinkers são as seguintes.

1. Desenhar ou projetar a Matriz de *feedback* dividida em quatro campos, que avaliam diferentes aspectos do protótipo:

FIGURA 5.13 Matriz de *feedback*

Fonte: adaptada de IDEO, 2009; D.SCHOOL, 2011.

Baixe esta figura no QR Code a seguir.

uqr.to/23fwy

ESTRATÉGIA
23

2. Anotar as observações realizadas pelas pessoas que testaram o protótipo e, posteriormente, completar os campos do quadro com as respostas dadas ou pedir às próprias pessoas que escrevam suas considerações diretamente em cada campo da matriz.

   Se o protótipo for testado com muitas pessoas ao mesmo tempo, pode-se projetar a Matriz de *feedback* e solicitar que incluam suas considerações ao colar blocos de notas nos campos da matriz.

FIGURA 5.14 Exemplo da estratégia Matriz de *feedback*

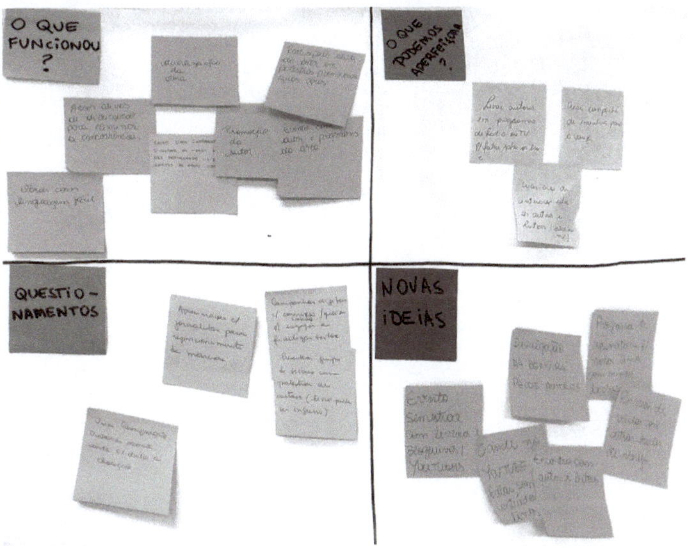

Foto: Acervo Saraiva Educação

Imagem utilizada com a autorização dos participantes do minicurso Design thinking para inovar na educação a distância, ministrado por Carolina Costa Cavalcanti no 21º Congresso Internacional Abed de Educação a Distância, realizado em outubro de 2015.

ESTRATÉGIA

24

Plano de implementação

O que é?

Documento que descreve aspectos relevantes a serem considerados para a implementação das soluções criadas.

Participantes

- 1 líder de projeto
- 4 a 10 design thinkers

Objetivo

Criar um plano que especifique o que precisa ser feito para que as soluções criadas sejam implementadas.

Tempo necessário

1 a 2 horas

Materiais

- Blocos de notas, cartões ou espaços digitais para registrar anotações.
- Cartolina, *flip-chart*, lousa, tela digital ou projetor de *slides*.
- Canetinhas coloridas, lápis de cor, pincel atômico ou canetas.
- Fita adesiva.

ESTRATÉGIA

24

O que fazer?

O líder de projeto deve reunir os design thinkers para desenvolver o plano de implementação seguindo estas orientações.

1. Dividir em duplas ou trios os design thinkers para que cada grupo faça um levantamento sobre os pontos descritos a seguir para cada solução proposta:
   - pessoas (ou grupos de pessoas) que estarão envolvidas na implementação e manutenção da solução; e pessoas (ou grupos de pessoas) que serão afetadas por ela;
   - recursos tecnológicos e materiais a serem utilizados, tanto aqueles já disponíveis na instituição quanto os que precisam ser adquiridos;
   - possíveis parceiros que poderiam ser convidados a se envolver na implementação e/ou manutenção da solução.
2. Depois que cada dupla ou trio preparar sua parte do plano de implementação (ver exemplo de formulário a seguir), o grupo todo deve se reunir para compartilhar o que foi elaborado e preparar um cronograma de implantação.

O cronograma deve prever primeiramente a implementação de projetos-piloto, que ajudarão na aquisição do *know-how* necessário antes que a melhor opção (composta de uma ou mais soluções) seja implementada (ver estratégia 26).

FORMULÁRIO 5.3 Exemplo de formulário para a estratégia Plano de implementação a ser preenchida por cada dupla ou trio de design thinker

PLANO DE IMPLEMENTAÇÃO	
Descrição da solução a ser implementada	
Pessoas (ou grupo de pessoas) que serão impactadas pela solução	1.
	2.
	3.
	4.

ESTRATÉGIA
24

Plano de implementação

Pessoas (ou grupo de pessoas) envolvidas na implementação e manutenção da solução	Implementação	Manutenção
	1.	1.
	2.	2.
	3.	3.
	4.	4.
Recursos tecnológicos e materiais a serem utilizados	Recursos já disponíveis na instituição	Recursos a serem adquiridos
	1.	1.
	2.	2.
	3.	3.
	4.	4.
Possíveis parceiros que poderiam ser convidados a se envolver na implantação e/ou manutenção da solução	Parceiros para implementação	Parceiros para manutenção
	1.	1.
	2.	2.
	3.	3.
	4.	4.

Fonte: adaptado de IDEO, 2009; D.SCHOOL, 2011.

Baixe este formulário no QR Code a seguir.

uqr.to/23fwz

ESTRATÉGIA

25

Análise de viabilidade

O que é?

Levantamento de custos para implementar e manter cada solução criada.

Participantes

- 1 líder de projeto
- 4 a 10 design thinkers

Objetivo

Realizar uma análise de custos de implantação e manutenção da opção a partir das informações contidas no Plano de implementação (ver estratégia 24).

Tempo necessário

1 a 2 horas

Materiais

- Blocos de notas, cartões ou espaços digitais para registrar anotações.
- Cartolina, *flip-chart*, lousa, tela digital ou projetor de *slides*.
- Canetinhas coloridas, lápis de cor, pincel atômico ou canetas.

ESTRATÉGIA

25

O que fazer?

Com base nos dados delineados no Plano de implementação (ver estratégia 24), o líder de projeto deve seguir o roteiro abaixo.

1. Dividir os designer thinkers em duplas ou trios a fim de detalhar a previsão de gastos para cada solução criada, incluindo:
    - recursos humanos diretamente envolvidos na implementação e manutenção da solução;
    - recursos tecnológicos e materiais, tanto aqueles já disponíveis na instituição quanto aqueles que precisam ser adquiridos;
    - distribuição (se houver) e outros custos.
2. Especificados os gastos pelas duplas ou trios, compartilhar as informações com os outros design thinkers.
3. Justificar a viabilidade de cada solução criada respondendo às seguintes perguntas, conforme exemplo de formulário a seguir:
    - A melhor opção escolhida agrega valor para as partes interessadas?
    - É possível dividir os custos de implantação e manutenção com as partes interessadas?
        - Se a resposta for positiva, como será essa divisão?
        - Se a resposta for negativa, justificar se a solução é autossustentável ou se compensa o investimento.
    - Como é possível adaptar cada solução para envolver a participação das partes interessadas?

ESTRATÉGIA
25

FORMULÁRIO 5.4 Exemplo de formulário para a estratégia Análise de viabilidade

<table>
<tr><th colspan="3">ANÁLISE DE VIABILIDADE</th></tr>
<tr><td>Descrição da solução a ser implementada</td><td colspan="2"></td></tr>
<tr><td rowspan="5">Gastos com recursos humanos diretamente envolvidos na implementação e manutenção da solução</td><td>Funcionários</td><td>Prestadores de serviço</td></tr>
<tr><td>1.</td><td>1.</td></tr>
<tr><td>2.</td><td>2.</td></tr>
<tr><td>3.</td><td>3.</td></tr>
<tr><td>4.</td><td>4.</td></tr>
<tr><td rowspan="5">Gastos com recursos tecnológicos e materiais</td><td>Recursos já disponíveis na instituição</td><td>Recursos a serem adquiridos</td></tr>
<tr><td>1.</td><td>1.</td></tr>
<tr><td>2.</td><td>2.</td></tr>
<tr><td>3.</td><td>3.</td></tr>
<tr><td>4.</td><td>4.</td></tr>
<tr><td rowspan="4">Gastos com distribuição (se houver) e outros</td><td colspan="2">1.</td></tr>
<tr><td colspan="2">2.</td></tr>
<tr><td colspan="2">3.</td></tr>
<tr><td colspan="2">4.</td></tr>
<tr><td colspan="3">Justificativas</td></tr>
<tr><td>Esta solução agrega valor para as partes interessadas?</td><td colspan="2"></td></tr>
<tr><td>É possível dividir os custos de implantação e manutenção com as partes interessadas?</td><td colspan="2"></td></tr>
</table>

ESTRATÉGIA
25

ANÁLISE DE VIABILIDADE	
Se a resposta for positiva, como será essa divisão?	
Se a resposta for negativa, justificar se a solução é autossustentável ou se compensa para a instituição investir nesta solução	
Como é possível adaptar a solução para envolver a participação dos *stakeholders*?	

Fonte: adaptado de IDEO, 2009; D.SCHOOL, 2011.

Baixe este formulario no QR Code a seguir.

uqr.to/23fxo

ESTRATÉGIA

26

Plano do projeto-piloto

O que é?

Elaboração de projeto-piloto para a opção selecionada.

Participantes

- 1 líder de projeto
- 4 a 10 design thinkers

Objetivo

Planejar um piloto a ser implementado para que a opção selecionada possa ser testada e ajustada antes de ser plenamente implementada.

Tempo necessário

1 a 2 horas

Materiais

- Blocos de notas, cartões ou espaços tecnológicos para registrar anotações.
- Cartolina, *flip-chart*, lousa, tela digital ou projetor de *slides*.
- Canetinhas coloridas, lápis de cor, pincel atômico ou canetas.

ESTRATÉGIA

26

O que fazer?

De posse das informações contidas no Plano de implementação (ver estratégia 24) e no Plano de viabilidade (ver estratégia 25), o líder de projeto deve realizar uma reunião com os design thinkers para preparar o Plano do projeto-piloto, dividido em duas fases.

A) Na **fase de planejamento** é recomendável que os design thinkers respondam a algumas perguntas disponíveis no formulário Plano do projeto-piloto (itens 1 a 4) disponível no campo Exemplo desta estratégia.

- Que recursos são necessários para que cada solução que compõe a opção escolhida seja testada em um projeto-piloto?
- A que questões precisamos responder durante a execução do projeto-piloto?
- Como mediremos o sucesso do projeto-piloto?
- Como dividiremos as tarefas para implementar o projeto-piloto?

B) Na **fase de avaliação do projeto-piloto** implementado é recomendável que os design thinkers se reúnam novamente para avaliar os itens 5 e 6 do formulário Plano do projeto-piloto e responder a algumas questões, conforme o exemplo de formulário a seguir:

- Quais foram as principais aprendizagens do grupo durante a implementação do piloto?
- Conseguimos responder às questões elaborados no Plano de projeto-piloto?
- O projeto-piloto teve sucesso?
- Quais foram os maiores desafios enfrentados durante sua implementação?
- As soluções que compõem a melhor opção a ser implementada precisam sofrer adequações depois do projeto-piloto? Quais?

Depois que os projetos-piloto forem implementados, é necessário adequar as soluções criadas inicialmente de acordo com os resultados obtidos nos pilotos.

FORMULÁRIO 5.5 Exemplo de formulário para a estratégia Plano do projeto-piloto

PLANO DO PROJETO-PILOTO	
A) Planejamento	
Descrição das soluções a serem implementadas no projeto-piloto	

ESTRATÉGIA
26

Plano do projeto-piloto

1. Que recursos são necessários para que cada solução que compõe a opção escolhida seja testada em um projeto-piloto?	Recursos	Onde conseguir o recurso?
	1.	1.
	2.	2.
	3.	3.
	4.	4.
2. A que questões precisamos responder durante a execução do projeto-piloto?	1.	
	2.	
	3.	
	4.	
3. Como mediremos o sucesso do projeto-piloto?	1.	
	2.	
	3.	
	4.	
4. Como dividiremos as tarefas para implementar o projeto-piloto?	Design thinker	Tarefa

B) Avaliação do projeto-piloto implementado	
1. Quais foram as principais aprendizagens do grupo durante a implementação do piloto?	
2. Conseguimos responder às questões elaboradas no Plano de projeto-piloto?	
3. O projeto-piloto teve sucesso?	

ESTRATÉGIA

26

PLANO DO PROJETO-PILOTO	
4. Quais foram os maiores desafios enfrentados durante sua implementação?	
5. As soluções que compõem a melhor opção a ser implementada precisam sofrer adequações depois do projeto-piloto? Quais?	

Fonte: adaptado de IDEO, 2009; D.SCHOOL, 2011.

Baixe este formulário no QR Code a seguir.

uqr.to/z3fx1

ESTRATÉGIA

27

Plano de aprendizagem

O que é?

Registro daquilo que foi aprendido pelos design thinkers durante o desenvolvimento de um projeto a partir da perspectiva do DT.

Participantes

- 1 líder de projeto
- 4 a 10 design thinkers

Objetivo

Preparar e manter um documento colaborativo no qual são registrados os resultados alcançados antes, durante e depois da implementação da solução.

Tempo necessário

1 a 2 horas

Materiais

- Blocos de notas, cartões ou espaços tecnológicos para registrar anotações.
- Cartolina, *flip-chart*, lousa, tela digital ou projetor de *slides*.
- Canetinhas coloridas, lápis de cor, pincel atômico ou canetas.

ESTRATÉGIA
27

O que fazer?

Durante a implementação das soluções que foram ajustadas após os projetos-piloto, é relevante que design thinkers, orientados pelo líder de projeto, mantenham em duplas um registro no qual descrevam alguns pontos importantes, conforme exemplo de formulário a seguir:

1. o problema inicial a ser resolvido;
2. as pessoas ouvidas, observadas e que fizeram a autodocumentação;
3. as principais soluções projetadas;
4. as soluções prototipadas;
5. a melhor opção implementada;
6. os principais resultados da implementação;
7. histórias relatadas.

O processo de identificação de um problema a ser resolvido, de criação e prototipagem de soluções certamente é um processo de aprendizagem.

Os design thinkers devem continuar a observar e ouvir as partes interessadas durante a implementação da solução. Com isso, conseguirão entender a real relevância da solução proposta.

A partir da descrição desses pontos, os design thinkers terão um melhor entendimento do "antes e depois" e suas aprendizagens ficarão registradas para inspirar e motivar o desenvolvimento de projetos futuros.

Finalmente os design thinkers devem compartilhar suas lições aprendidas e envolver outras pessoas dentro e fora da instituição na projeção de novas e melhores soluções.

FORMULÁRIO 5.6 Exemplo de formulário para a estratégia Plano de aprendizagem

PLANO DE APRENDIZAGEM	
Problema inicial a ser resolvido	

ESTRATÉGIA
27

Plano de aprendizagem

	Imersão	Entrevista empática	Autodocumentação
As partes interessadas que participaram das estratégias de Imersão, Entrevista empática e Autodocumentação	1.	1.	1.
	2.	2.	2.
	3.	3.	3.
	4.	4.	4.
Principais soluções projetadas			
Soluções prototipadas			
A melhor opção implementada			
Os principais resultados da implementação			
Histórias relatadas			

ESTRATÉGIA
27

PLANO DE APRENDIZAGEM

	Antes	Depois
Registro de antes e depois		
Principais lições aprendidas		

Fonte: adaptado de IDEO, 2009; D.SCHOOL, 2011.

Baixe este formulário no QR Code a seguir.

uqr.to/23fx2

APÊNDICE

INOVAÇÃO COM PROPÓSITO

Na segunda edição deste livro, vislumbramos uma forte articulação entre o design thinking (DT), propósito e tecnologias. Esse tripé inspira a criação de projetos que geram valor para as pessoas e fazem a diferença nos contextos em que são implementados.

O uso de tecnologias entra nessa configuração como modo de viabilizar que o processo de design seja realizado utilizando recursos inovadores, e que projetos com sentido sejam implementados em variados contextos, de modo mais alinhado com o cenário contemporâneo de profunda transformação digital.

Design thinking com propósito

Todos os dias as pessoas, as organizações, os governos e a sociedade como um todo se deparam com desafios e problemas complexos que impactam nossa rotina, negócios, saúde e relações. Eventos imprevisíveis como epidemias, desastres ambientais e guerras geram instabilidades socioeconômicas que afetam regiões inteiras e roubam das pessoas muito do que elas construíram ao longo da vida. Existem ainda problemas globais que têm sido alvo de iniciativas e projetos alinhados com os Objetivos de Desenvolvimento Sustentável (ODS),[1] propostos pela Organização das Nações Unidas (ONU) na Agenda 2030: erradicação da pobreza, educação de qualidade para todos, igualdade de gênero, paz e justiça, combate às alterações climáticas, trabalho digno e crescimento econômico, inovação e infraestrutura, entre outros.

---

1. NAÇÕES UNIDAS. Sobre o nosso trabalho para alcançar os ODS no Brasil, ver: https://brasil.un.org/pt-br/sdgs.

Nos últimos anos, esses temas contemporâneos, que impactam nossa realidade local e global, têm sido trabalhados de modo intencional em escolas e universidades, com o objetivo de formar uma nova geração de crianças, jovens e profissionais mais preparada para lidar com os desafios atuais. Por outro lado, a sociedade tem cobrado de governos e organizações a adoção de medidas vinculadas a cuidados com o meio ambiente, aspectos sociais e de governança (ESG, do inglês *Environmental, Social and Governance*). Existe forte preocupação com a formação de lideranças mais conscientes de seu papel e que estejam preparadas para lidar com essas questões relevantes visando ao bem comum, conduzindo seus times no design de soluções que usem recursos humanos, digitais e materiais de modo intencional, sustentável e consciente.

Dito isso, na contemporaneidade, o DT pode ser adotado não só como uma abordagem de inovação e criatividade em instituições de ensino, organizações e governos, mas também como uma abordagem para a construção de propósitos individuais e coletivos. Os *mindsets*, etapas e estratégias do DT têm apoiado grupos multidisciplinares a olhar para os problemas de suas comunidades e para os desafios globais de maneira empática e criativa, nutrindo sonhos, projetos de impacto social, além de promover mudanças significativas em diversos contextos.

O DT tem se mostrado como uma abordagem que fomenta a criação de **inovações com propósito**. Ou seja, as inovações geram valor não só para os negócios, mas principalmente para as pessoas impactadas pelas soluções. Seu processo, *mindsets* e estratégias permitem que problemas sociais, ambientais, econômicos sejam analisados de maneira sistêmica e profunda, e as soluções inspirem propósitos coletivos.

Como exemplo podemos mencionar o uso do DT no Instituto PROA, uma ONG que existe desde 2007 para ajudar jovens em vulnerabilidade econômica e social na conquista do primeiro emprego. O PROA oferece formações e mentorias gratuitas para jovens que cursam o Ensino Médio em escolas públicas, fomentando o seu desenvolvimento nos âmbitos pessoal, educacional e profissional. A partir da entrada no mercado de trabalho, a ONG visa oferecer oportunidades que geram transformações na vida dos jovens, mas que também impactam famílias e comunidades inteiras. O trabalho realizado desde a criação do PROA já impactou mais de 90 mil jovens distribuídos em 12 estados brasileiros, e mais de 12 mil jovens já ingressaram no mercado de trabalho, gerando uma renda de R$ 234 milhões anuais.

O PROA mantém alguns projetos centrados no desenvolvimento de competências socioemocionais, como autoconhecimento, garra, colaboração, trabalho em equipe e comunicação, e competências técnicas, como resolução de problemas, raciocínio matemático, desenvolvimento de projetos, língua portuguesa e matemática financeira.[2]

---

2. GALELI, B. *et al.* PROA INDEX: Fidedignidade na avaliação baseada em competências na formação profissional online de jovens. *In:* SEMEAD, 24., São Paulo, 2021. [*Anais...*] Disponível em: https://login.semead.com.br/24semead/anais/resumo.php?cod_trabalho=1847. Acesso em: 16 abr. 2022.

A plataforma PROA foi desenvolvida em 2020 com o objetivo de expandir a atuação da ONG para vários estados brasileiros. Na plataforma, os jovens participam de um itinerário básico durante três meses e depois entram na área de empregabilidade com acompanhamento do PROA por três anos. Nesse período, também podem participar de cursos online técnicos produzidos e ofertados pelo PROA em parceria com empresas como P&G, Casas Bahia, BMG, BRF, Accenture, entre outras.

Um dos cursos técnicos oferecidos na plataforma na modalidade online, com duração de 4 semanas e ofertado em parceria do PROA com a Accenture, tem por objetivo preparar jovens para atuar na área de User Experience (UX). Nesse curso, eles adotam o DT para identificar, investigar e propor soluções para problemas reais de suas comunidades locais. Para isso, passam pelas etapas do DT e adotam várias das estratégias apresentadas no Capítulo 5 deste livro, como: definição do desafio estratégico, pesquisa exploratória, imersão, entrevista empática, *persona*, *brainstorming*, jornada do usuário, prototipagem rápida e teste do protótipo, entre outras. Alguns exemplos de resultados de projetos coletados na plataforma PROA[3] são:

a) A jovem G. Santos desenvolveu o projeto em um bairro periférico, no qual os moradores indicaram, nas entrevistas, o lixo espalhado em todos os lugares e a falta de locais para coleta. O protótipo eram pontos para coleta seletiva de lixo na comunidade com ações educacionais para orientar as pessoas sobre como descartar o lixo de modo mais sustentável. O projeto, realizado a partir do DT, foi levado para a prefeitura, que implementou os pontos de coleta seletiva e garantiu maior limpeza do bairro e melhoria da qualidade de vida dos moradores.
b) A jovem J. Ribeiro desenvolveu um aplicativo chamado "Moradia Legal", que tem por objetivo ajudar os moradores de seu bairro a indicarem qualidades e desafios do local em que moram. A partir das informações coletadas, a intenção é criar grupos de voluntários para resolver problemas locais relacionados a aspectos como segurança, barulho excessivo tarde da noite, entre outros. O aplicativo é um espaço para as pessoas se encontrarem, identificarem desafios e trabalharem juntas por uma comunidade melhor. O protótipo foi criado e testado com usuários.

Iniciativas como essas ampliam a percepção de propósito individual e coletivo das pessoas envolvidas (equipe do PROA, jovens, membros da comunidade). O fato de usarem uma abordagem como o DT possibilita que desafios reais sejam identificados. Ao vivenciarem as diferentes etapas do projeto pelo uso do DT, os jovens são capazes de compreender o problema de maneira profunda e humanizada. Essa é a base para a criação

3. Disponível em: https://plataforma.proa.org.br/login/index.php.

de soluções cheias de propósito e sentido, que motivam e engajam não só as pessoas envolvidas no desenho da solução, mas também todas as pessoas que serão impactadas pelas propostas apresentadas e implementadas.

Isso nos leva ao fato de que a busca por uma vida pessoal e profissional com mais sentido é algo inerente ao ser humano. O propósito de vida (*life purpose*, em inglês) tem sido tema de estudo e ampla pesquisa nos campos da Filosofia, Psicologia, Educação, Administração, Teologia, entre outras.[4]

Mas, afinal, o que é propósito de vida? Segundo os pesquisadores Damon, Menon e Bronk,[5] da Universidade Stanford, "propósito é uma **intenção estável** e generalizada de **alcançar** algo que é ao mesmo **significativo para o eu** e que gera consequências no mundo **além do eu**".

Nessa definição, fica evidente que o propósito tem alguns elementos:

- **intenção estável (de alcançar):** desejo que direciona as nossas decisões e ações;
- **significativo para o eu:** o propósito está pautado em nossos valores, identidade e demanda o uso de nossas habilidades singulares;
- **além do eu:** está pautado em valores éticos e morais. É altruísta e visa impactar de modo positivo as outras pessoas;
- **gera consequências:** a criação e a implementação de projetos cheios de sentido contribuem para uma vida com propósito.

Cada pessoa pode nutrir e acolher vários propósitos ao longo da vida. Cabe destacar que nem sempre os propósitos precisam ser grandiosos, heroicos e acessíveis somente a pessoas com talentos extraordinários. Na verdade, existem pessoas cujo propósito parece ser simples, mas é relevante o suficiente para encher sua vida de sentido. Alguns propósitos estão mais vinculados ao cuidado e à provisão da família (filhos, pais idosos etc.). Outras pessoas têm propósitos mais alinhados com o trabalho (liderar um grupo de pessoas, ofertar serviços de qualidade para clientes etc.) ou, ainda, encontram maior sentido ao realizarem atividades artísticas, esportivas, de voluntariado e até na prática de *hobbies* que impactam a vida de outras pessoas. A verdade é que uma vida com sentido envolve iniciativas em variadas áreas. O importante é que a pessoa reconheça que tem usado seu tempo e melhores talentos para deixar uma contribuição positiva para outras pessoas.

Nesse sentido, acreditamos que o propósito individual não seja algo prescrito, que precisamos encontrar ou descobrir. É uma construção que podemos fazer ao longo da vida, a partir de nossos valores, identidade, experiências e aprendizagem. Essa construção

---

4. MALIN, H. *Teaching for purpose*: preparing students for lives of meaning. Boston: Harvard Education Press, 2018.
5. DAMON, W.; MENON, J.; BRONK, K. The development of purpose during adolescence. *Applied Development Science*, v. 7, n. 3, p. 119-128, 2003.

pode ocorrer a partir do uso de variadas abordagens. Shinoda[6] propõe uma jornada composta de algumas etapas:

1. **Autoconhecimento:** ao reconhecer sua identidade, valores, habilidades, competências e singularidades.
2. **Empatia:** olhar para as necessidades de sua comunidade, organização, cidade, país e identificar as causas com as quais se identifica e ambientes em que você pode ser útil usando suas melhores habilidades.
3. **Experimentação:** práticas e experiências vinculadas ao propósito e que reforcem para você mesmo(a) e outras pessoas como pode ser útil.
4. **Visão de futuro e planejamento:** ações nas quais você pode elencar projetos (com começo, meio e fim) que lhe impulsionem na direção de um futuro desejado.
5. **Sustentação:** uso de estratégias que facilitem a gestão do tempo para que possa se manter no caminho de uma vida alinhada com o seu propósito.

A autora explica que é a partir do desenvolvimento de projetos que conseguimos viver de maneira alinhada com o nosso propósito. Entre os variados caminhos para construção de propósito de vida, temos visto que o DT tem sido usado para ajudar as pessoas a desenvolver projetos cheios de significado e suas estratégias possibilitam o aprofundamento da percepção das necessidades reais das pessoas (elementos-chave do processo de construção de propósito especialmente nas etapas de empatia, experimentação, visão de futuro e planejamento, propostas por Shinoda).

Digamos que uma pessoa tem por propósito promover a diversidade etária e geracional nas organizações apoiando pessoas 50+ a ingressar e a permanecer no mercado de trabalho. Seu propósito só ganhará força se ela começar a criar e implementar projetos que capacitem e aproximem as pessoas mais maduras das vagas de trabalho. Outro projeto poderia estar relacionado à conscientização das empresas sobre a necessidade ética e as vantagens de contratar pessoas mais maduras, trazendo assim diversidade para o ambiente de trabalho.

Shinoda defende que, em várias situações, **projetos vinculados a propósitos individuais podem tornar-se coletivos e ganhar mais potência**. O encontro de pessoas com propósitos correlatos ou complementares pode levá-las a encontrar recursos humanos e tecnológicos que impulsionem os projetos cocriados.

Atualmente, as lideranças organizacionais demonstram uma real preocupação em cocriar e comunicar o propósito da empresa em que atuam para seus colaboradores, clientes, fornecedores e sociedade. Sim, no Ocidente nossa economia e as empresas

6. SHINODA, C. *Propósito de vida*: um guia para desenvolver o seu. São Paulo: Benvirá, 2021.

são regidas pelo capitalismo, mas aquelas que praticam um capitalismo mais humano e sustentável estão preocupadas não só com o seu desempenho (financeiro), mas com o progresso social.[7]

Uma pesquisa sobre negócios com propósito publicada na *Harvard Business Review*[8] indica que 8 de 10 executivos defendem que um **propósito organizacional significativo traz benefícios para os colaboradores** (que ficam mais engajados), **as lideranças** (que têm mais clareza para tomada de decisão), **os clientes** (que são fidelizados) e **a sociedade**. Os líderes também defendem que um negócio com propósito permite que as empresas enfrentem problemas complexos de modo mais eficaz, encontrando soluções centradas nas pessoas e mais sustentáveis.

Como exemplo, podemos mencionar a empresa Natura, que destaca em seu *website* algumas causas e compromissos vinculados ao seu propósito: "Nossas causas são escolhas que geram impacto positivo para as pessoas e para o mundo. Atuando como agentes de transformação, firmamos um compromisso com a Amazônia, influenciamos nossa cadeia de embalagens, e colaboramos com a inclusão de diversas pessoas por meio da geração de renda para a nossa rede de Consultoras e ações de Educação e Diversidade".

A empresa adota o DT há mais de uma década para inovar e criar linhas de produtos mais sustentáveis (como é o caso do Natura Sou). Uma das estratégias da organização é colocar o consumidor como participante do processo de inovação da empresa.[9] Sustentam desde 2012 o programa Cocriando, gerido pela Natura Campus. Mais de 11 jornadas de cocriação já foram realizadas e focaram em temas como "bem-estar", na linha de produtos Ekos e Mamãe e bebê, entre outros. A partir de um desafio pré-definido, alguns usuários da marca são convidados a participar de rodadas de cocriação pelo uso do processo e estratégias do DT.

De fato, o DT tem sido adotado há vários anos por pessoas e organizações para resolver problemas complexos, como metodologia criativa de aprendizagem e como abordagem de inovação. É um **catalisador da criatividade coletiva que fomenta a geração de soluções inovadoras e com propósito**.

Por ser uma abordagem flexível e não linear, o DT e/ou suas estratégias podem ser usados em projetos mais longos, mais curtos, para lidar com problemas complexos ou para fomentar um processo de aprendizagem. Algumas organizações e instituições têm laboratórios específicos para que o trabalho colaborativo seja realizado, outras não têm

---

7. KISLANSKY, K. *A revolução do propósito*: desperte para sua razão de ser, impulsione sua carreira e construa prosperidade com significado. São Paulo: Gente, 2022.
8. HARRIS, M. Creating a meaningful creative corporate purpose. *Harvard Business Review*, 2021. Disponível em: https://hbr.org/2021/10/creating-a-meaningful-corporate-purpose. Acesso em: 24 jun. 2024.
9. TIME NATURA CAMPUS. O consumidor no processo de inovação da Natura. Disponível em: http://www.naturacampus.com.br/cs/naturacampus/post/2015-03/o-consumidor-no-processo-de-inova%C3%A7%C3%A3o-da-natura. Acesso em: 24 jun. 2024.

espaços físicos, mas adotam variadas tecnologias de suporte que conectam pessoas distribuídas em vários locais diferentes e que podem investigar, criar e produzir em parceria.

Design thinking com o emprego de tecnologias inovadoras

A primeira edição deste livro, em 2017, foi lançada em um contexto de forte aceleração digital, no qual o DT funcionava como metodologia para resolver os problemas complexos da contemporaneidade e gerar soluções inovadoras para demandas antes inexistentes.

Passados alguns anos, o movimento de transformação digital se intensificou, com uma segunda onda de tecnologias revolucionárias: Inteligência Artificial (IA), IA generativa, *Big Data Analytics*, Internet das Coisas (IoT) e sensores, realidade aumentada e virtual, prototipagem 3D e simulação digital, entre outras. A grande questão é: nesse cenário permeado por tecnologias, o DT continua relevante?

Embora a analítica de dados e a IA possam lidar com grandes quantidades de dados, o DT mantém o elemento humano no centro, possibilitando empatia profunda com as pessoas envolvidas, compreensão de seus desafios e criação de soluções que realmente atendam às suas necessidades.

Além disso, à medida que as tecnologias se tornam cada vez mais pervasivas, cresce também a necessidade de abordar questões éticas como privacidade e preconceito – o DT ajuda a analisar criticamente essas questões e garantir uma implementação responsável que priorize a justiça, a transparência e o respeito pelos direitos das pessoas.

A segunda onda de tecnologias é excelente na análise de padrões, enquanto o DT nos incentiva a pensar fora da caixa, a desafiar suposições e a gerar novas ideias, e isso tudo pode ser intensificado com o poder das tecnologias generativas e hiperconectadas.

Outro ponto importante a destacar é que o DT valoriza a colaboração e a diversidade de perspectivas para cocriar soluções. Em um mundo impulsionado pela IA, é possível combinar conhecimentos humanos e engenhosidade para uma resolução de problemas mais eficaz.

O DT enfatiza a melhoria contínua e a adaptação. E os *feedbacks* dos usuários, bem como as mudanças de cenários, podem ser tratados com o apoio das tecnologias para criar sistemas dinâmicos que aprendem, se adaptam e agregam valor contínuo.

Podemos dizer, assim, que o DT continua a ser relevante no mundo imerso na transformação digital. Ele acrescenta o toque humano, aborda questões éticas, estimula a criatividade, promove a colaboração, inclusive com não humanos, viabilizando melhorias constantes.

Uso de tecnologias inovadoras nas diferentes etapas do design thinking

A discussão sobre o uso de tecnologias inovadoras no DT estaria incompleta sem um mapeamento mais detalhado de ferramentas e recursos úteis para levar a abordagem a outro patamar – seja pela expansão da equipe de DT a pessoas dispersas geograficamente, seja por meio de funcionalidades que abrangem uma base muito maior de usuários.

Plataformas dedicadas especificamente ao DT, como Sprintbase, principalmente, e Batterii e SessionLab, em sequência, tornam o processo todo (ou grandes etapas do DT) um esforço mais simples e eficiente, reforçando, em última análise, o papel central do DT no futuro do design e da inovação.

No entanto, o que mais encontramos no cenário atual são tecnologias que atendem a estratégias específicas do DT, como veremos a seguir. Embora em sua maioria ainda não estejam integradas em um fluxo contínuo, representam um potencial revolucionário para o processo de DT, à medida que oferecem aos design thinkers uma vasta gama de ferramentas e recursos para ideação, prototipagem, visualização e testagem de soluções centradas no usuário.

Antes de prosseguir, é importante destacar o desafio de citar tecnologias em um livro: atualizações significativas, descontinuidade de soluções, integração ou incorporação de *softwares* devido a fusões entre indústrias, encerramento de projetos de pesquisa – tudo isso aumenta o risco de obsolescência.

Além disso, a esteira acelerada de lançamento de tecnologias nem sempre alcança a realidade brasileira, seja pela indisponibilidade de tradução/suporte em português, seja pelas diferenças entre o mercado brasileiro e o internacional em termos de poder de compra, porte de projetos e regulamentação.

Para equilibrar esses aspectos, optamos por indicar algumas tecnologias disponíveis nos modelos *trial* (com acesso gratuito a todas as funcionalidades por período limitado) ou *freemium* (com funcionalidades básicas oferecidas sem custos, e recursos avançados ou adicionais desbloqueados apenas mediante pagamento).

A ideia é que o leitor e a leitora possam compreender os princípios subjacentes a marcas ou terminologias e experimentar na prática alguns dos recursos que despertem maior interesse.

Tecnologias para a etapa "Compreender o problema"

Na primeira etapa do DT, **Compreender o problema**, as tecnologias podem auxiliar de várias maneiras.

Na **Organização de conhecimentos prévios** (estratégia 02), por exemplo, lousas virtuais interativas como Miro e similares, ou murais colaborativos como Padlet, podem ser empregados para sintetizar as informações sobre o **Desafio estratégico** (estratégia 01), principalmente em projetos remotos que se intensificaram desde o período pandêmico.

Especificamente para construir a **matriz de partes interessadas**, a Inteligência Artificial (IA) pode oferecer *insights* sobre os comportamentos e as preferências dos usuários e demais envolvidos. Com a capacidade de processar grandes conjuntos de dados de diversas fontes, a **analítica de dados** identifica padrões e tendências que não ficariam evidentes para os investigadores humanos imediatamente. Por isso, pode ser usada como recurso complementar no uso da estratégia 09 do DT, denominada **Análise dos dados coletados.**

Mesmo com as restrições de capacidade, a analítica de textos e imagens por **plataformas de IA generativa** pode contribuir para o entendimento de registros em diversos canais de comunicação. *Feedbacks* de clientes ou do pessoal interno das organizações podem ser analisados por meio de Processamento de Linguagem Natural (PLN).

Indo um pouco além, **algoritmos de análise de sentimento** são capazes de filtrar postagens, avaliações e *feedback* nas redes sociais, SAC, caixa de sugestões etc. para rastrear e analisar a percepção das pessoas sobre um produto ou serviço, até mesmo em tempo real.

Essa técnica pode inclusive focar na compreensão de **visões extremas** sobre o desafio a ser enfrentado – capturando as percepções daqueles que estão muito familiarizados ou envolvidos na questão, tanto quanto aqueles que sabem muito pouco a respeito, participam pouco ou se colocam em posição de confronto.

Os *call centers* são um exemplo de uso da **análise de áudio** (*audio analytics*) para examinar milhares de horas de chamadas gravadas, a fim de avaliar o desempenho dos agentes de atendimento, monitorar a conformidade a diferentes políticas (por exemplo, políticas de privacidade e segurança), obter informações sobre o comportamento dos clientes e identificar problemas em produtos ou serviços, entre muitas outras tarefas.

De igual forma, a **analítica de vídeo** (*video analytics*) congrega uma variedade de técnicas para monitorar, analisar e extrair informações significativas de milhares de horas de vídeos, seja em tempo real (*live analytics*) ou na forma pré-gravada. Essa tecnologia pode ser empregada na gravação e análise de **Entrevistas empáticas** (estratégia 07).

Todos esses métodos são um caminho para estabelecer algum tipo de empatia com os usuários em projetos de larga escala, trabalhando com grandes quantidades de dados autênticos, algo que as técnicas tradicionais de DT têm dificuldade em realizar.

Por trás de todas essas aplicações, estão técnicas de **aprendizado de máquina**, que podem encontrar padrões, tendências e *insights* valiosos, e, inclusive, combinadas à modelagem **estatística**, podem criar **modelos preditivos** que projetem cenários futuros, comportamentos de clientes/usuários, demandas, riscos e oportunidades associados à situação desafiadora.

Para a **Pesquisa exploratória** (estratégia 04) e a **Imersão** (estratégia 06), tecnologias como a **analítica de movimento** (*motion analytics*) permitem capturar dados de comportamento das pessoas em tempo real, por meio de tecnologias como câmeras 3D,[10] LiDAR (*Light Detection and Ranging*)[11] e algoritmos de IA.

---

10. Dispositivos que capturam imagens tridimensionais de objetos, pessoas e ambientes. Utilizam técnicas de estereoscopia, infravermelho ou tempo de voo de pulsos de luz para captar profundidade e detalhes espaciais, criando uma representação 3D da cena.
11. Tecnologia de detecção remota que utiliza luz na forma de um *laser* pulsado para medir distâncias até um objeto. Cria mapas 3D com precisão e é capaz de funcionar em diversas condições de iluminação.

Respeitadas as condições de privacidade, esse conjunto de recursos proporciona uma compreensão detalhada das interações e das experiências dos usuários em ambientes físicos – algo que uma equipe de DT teria dificuldade de fazer em larga escala.

Câmeras portáteis com IA podem ser utilizadas para registrar experiências automaticamente e facilitar a **Autodocumentação** (estratégia 08).

Obviamente, o **Plano de coleta de dados** (estratégia 05) pode ser organizado em **planilhas eletrônicas** – de preferência com recursos de compartilhamento para colaboração social. E isso não apenas para listar as estratégias a serem realizadas pela equipe de DT, mas também para acoplar prazos e responsabilidades. Em projetos mais complexos, ***softwares* de gestão de projetos** como Microsoft Project podem ser utilizados a fim de coordenar os esforços não apenas dessa etapa, mas de todo o processo de DT e subsequente. Aplicativos de uso mais pontual, como Trello, Google Keep e Microsoft Plan, podem atender às necessidades de gestão de projetos ágeis, de diferentes portes.

Para a composição da ***Persona*** (estratégia 10), podem ser utilizados *softwares* dedicados a essa tarefa, por exemplo, o Make, a Persona e o SemRusch Persona. De utilização intuitiva, eles são focados na construção de perfis de consumidores e compradores, e oferecem recursos de edição para adaptar os modelos iniciais a outros contextos de uso.

Alguns aplicativos, como o userpersona.dev, possibilitam a criação de ***personas* geradas por IA**. A partir de um *prompt* (comando) inicial descrevendo brevemente o produto ou serviço que se pretende desenvolver, obtém-se como resultado a representação fictícia de um usuário ou cliente, o mesmo que se pretende com a *persona* tradicional, mas, nesse caso, a representação fictícia é baseada em uma grande quantidade de dados coletados de usuários reais.[12]

A criação do **Mapa da empatia** (estratégia 11) pode ser apoiada por **ferramentas de reconhecimento e mapeamento de emoções**, como o Affectiva, que analisa os estados de ânimo a partir da fala e de vídeos.[13]

Para elaborar o **Mapa da Jornada do Usuário** (estratégia 12), plataformas como Smaply possibilitam representar a experiência do cliente com um produto ou serviço, do início ao fim. Essas ferramentas também têm recursos para ilustrar o relacionamento entre *stakeholders* por meio de **Matriz das partes interessadas** (estratégia 03).

Para a **análise de dados coletados**, além dos recursos mencionados anteriormente, ferramentas de análise e visualização de dados (como os clássicos Power BI e Tableau) podem prover *insights* significativos na linha do *numbers talk* ("os números falam").

---

12. Deve-se observar que as bases de dados de determinados *softwares* de IA podem refletir no perfil da *persona* criada, nas características atreladas a questões culturais de seus países de origem.
13. SOMMERS, M. *Emotion AI, explained*. MIT Management Sloan School, 08 March 2019. Disponível em: https://mitsloan.mit.edu/ideas-made-to-matter/emotion-ai-explained. Acesso em: 16 jan. 2025.

TECNOLOGIAS PARA A ETAPA "PROJETAR SOLUÇÕES"

Para a formulação de **Perguntas do tipo "Como podemos...?"** (estratégia 14) e a geração de ideias no ***Brainstorming*** (estratégia 15), plataformas de IA generativa (como ChatGPT, Google Gemini e Microsoft Copilot) podem multiplicar o número de interlocutores e perspectivas, por exemplo, ao condicionarem as respostas a condições específicas (como orçamento baixo/alto, prazo restrito/alargado) ou a diferentes perfis (que ideias teria um diretor, que ideias teria um cliente...).

Por outro lado, aplicativos de ***brainstorming* colaborativo**, como Miro e Stormboard, entre tantos outros, asseguram a participação de design thinkers reais trabalhando remotamente.

A IA generativa também pode ser de grande auxílio na **Escolha das melhores ideias** (estratégia 16), ao categorizarem as ideias geradas, tornando a tomada de decisão mais clara e objetiva.

Vale considerar que, mesmo nas sessões presenciais, é comum registrar por escrito os resultados das técnicas de geração de ideias. A **analítica de áudio ou vídeo** tem o poder de captar e analisar *insights* de sessões de *brainstorming* baseadas em discurso oral, como pode acontecer no **Projeto participativo** (estratégia 17).

TECNOLOGIAS PARA A ETAPA "PROTOTIPAR A MELHOR SOLUÇÃO"

Na **Prototipagem rápida** (estratégia 18), **empática** (19) e **colaborativa** (20), ferramentas de **modelagem e impressão 3D** são capazes de acelerar a produção física de um produto físico tridimensional, possibilitando uma visualização mais completa das soluções propostas. Ferramentas de design como o InVision, Adobe XD, Sketch e Figma suportam design de interface popular entre designers de UI/UX, suportam a **criação de protótipos virtuais** e facilitam os testes de usabilidade.

Avatares de realidade virtual e ***digital twins*** ("gêmeos digitais"), como Siemens Digital Twin, podem simular as experiências dos usuários por ocasião do **Teste do protótipo** (estratégia 22).

Ferramentas como **UserTesting** e **Hotjar** possibilitam obter *feedback* em vídeo de usuários reais para avaliar protótipos e analisar o comportamento dos usuários em *sites* por meio de *heatmaps* (mapas de calor) e gravações de sessão.

A **IA emocional** também pode ser utilizada para captar *feedback* dos usuários por meio do reconhecimento de seus estados de ânimo, ao passo que **analíticas de áudio, vídeo e movimento** podem ser empregadas para monitorar e analisar essas interações dos usuários com os protótipos criados.

Também *softwares* de **IoT** (como Arduino) captam, em tempo real, dados de interação dos usuários com protótipos físicos, enquanto soluções de **realidade aumentada e**

virtual (como Unity para simulações) viabilizam a simulação de experiências com protótipos virtuais.

A **Rodada com especialistas** (estratégia 21) pode ser facilitada por meio de sistemas de teleconferência como Zoom, Teams e Meet, especialmente no caso de convidados dispersos geograficamente. Nas apresentações aos convidados, é possível enriquecer os protótipos por meio de realidade aumentada.

A **Matriz de *feedback*** (estratégia 23) pode ser montada virtualmente com o uso de *post-its* digitais, o que é particularmente útil no caso de equipes dispersas.

Alternativamente, os campos "O que funcionou?", "O que pode ser aperfeiçoado?", "Questões" e "Novas ideias" da matriz de *feedback* podem ser transportados para formulários eletrônicos inteligentes (p. ex., Survey Monkey), alcançando maior número de usuários.

Tecnologias para a etapa "Implementar a melhor opção"

Certamente, uma das mais importantes atividades dessa etapa diz respeito ao planejamento e ao acompanhamento da implementação. A organização das tarefas relacionadas a **Implementar a melhor opção** pode se beneficiar de *softwares* de gestão de projetos, tal como estabelecido no **Plano de coleta de dados** (estratégia 05), anteriormente.

Assim, o formulário do **Plano de implementação** (estratégia 24) pode ser traduzido em campos específicos desse *software* para integrar elementos como pessoas, recursos tecnológicos e materiais, e potenciais parceiros, beneficiando-se inclusive das funcionalidades de *tracking*, visualização de *status* e notificações.

Para o **Plano do projeto-piloto** (estratégia 26), a combinação de *softwares* de IoT (p. ex., SmartThings) e IA (p. ex., IBM Watson) possibilita o monitoramento e a avaliação dos pilotos implementados.

A **Análise de viabilidade** (estratégia 25) pode ser apoiada por **ferramentas de simulação de cenários** (p. ex., Crystal Ball, @Risk).

Já para o **Plano de aprendizagem** (estratégia 27) podem ser empregadas ferramentas de avaliação contínua e *learning analytics* (p. ex., Coursera for Business, LinkedIn Learning com análise de dados), plataformas de *e-learning* (como Moodle e Blackboard, para citar algumas) e plataformas de experiência de aprendizagem para personalização de conteúdos e registro de lições aprendidas.

GLOSSÁRIO

Artefato (*artifact*): qualquer coisa que possa ser projetada por um designer, como, por exemplo, produtos tangíveis, informações, identidades, marcas etc.

Desafio estratégico (*strategic challenge*): frase que explica o tema e contexto de um projeto desenvolvido a partir do DT; é moldado em termos humanos (em vez de em termos de tecnologia, produto ou funcionalidade), abrangente o suficiente para permitir que a equipe descubra áreas de valor inesperado e específico o suficiente para tornar o tema gerenciável.[1]

Design centrado no ser humano (*human centered design*, HCD): abordagem que prioriza a maneira como os indivíduos veem e interpretam artefatos projetados por um designer e a forma como convivem com eles.

Design thinking: perspectiva humanista de inovação, criatividade e geração de ideias, centrada no trabalho colaborativo, que se propõe a identificar um problema, projetar e prototipar soluções, implementando a melhor opção; adota a mentalidade e as estratégias dos designers a fim de encontrar soluções para problemas complexos.

Design thinkers: participantes da equipe interdisciplinar que desenvolverá um projeto colaborativo pelo uso do design thinking; no ambiente educacional são professores, gestores educacionais, pessoas com formação técnica (se o problema analisado envolve desenvolvimento de alguma ferramenta tecnológica), alunos (ou pais de alunos para a educação básica) e outras partes interessadas.

Heurística: estratégia ou sugestão que auxilia o sujeito a aproximar-se de um problema, compreendê-lo e direcionar seus recursos para resolvê-lo.

***Insight*:** revelação inesperada que nos faz prestar atenção em algo; padrão que emerge de casos ou histórias individuais e pode ser adotado em situações mais abrangentes; afirmação que permite ver o desafio estratégico sob outra perspectiva.[2]

---

1. IDEO. *HCD – Human Centered Design*: kit de ferramentas. Palo Alto: Ideo, 2009.
2. IDEO, 2009.

Mindset (modo de pensar): mentalidade, plano de pensamento ou conjunto de "regras do jogo" a serem seguidos pelos participantes de um projeto desenvolvido a partir do design thinking.[3,4]

Mockup (modelo ou molde): reprodução de uma ideia que se aproxima da realidade, mas que não precisa reproduzir, necessariamente, todas as suas funcionalidades.

Pensamento abdutivo: forma de pensamento ativada a partir de informações incompletas e evidências, que requer a suposição criativa e intuitiva para a resolução de problemas complexos ou mal definidos.

Protótipo: representação visual que transmite rapidamente a ideia de um produto, processo, serviço ou estratégia, por meio de um esboço ou modelo tridimensional de baixa resolução ou de materiais simples, como papel, papelão ou massa; pode assumir ainda a forma de *storyboards*, diagramas, filmagens, maquetes e roteiros.

Stakeholder: qualquer "parte interessada" em determinado produto, processo, serviço ou estratégia, mesmo que não diretamente envolvida no desenvolvimento do projeto.

Startup: empresa ou grupo de pessoas à procura de um modelo de negócios repetível e escalável, trabalhando em condições de extrema incerteza, custos de manutenção muito baixos, e que consegue crescer rapidamente e gerar lucros ou superávits cada vez maiores.

Storyboard: roteiro gráfico visualmente mais próximo da sequência de ações e do *layout* final de um produto a ser desenvolvido.

Wicked problem: problema complexo, difícil, capcioso ou mal definido.

---

3. IDEO, 2009.
4. D.SCHOOL. *Bootcamp Bootleg*. Palo Alto: Hasso Plattner Institute of Design at Stanford, 2011. p. 1-44.

REFERÊNCIAS

ARAÚJO, U. F. *et al.* The reorganization of time, space, and relationships in school with the use of active learning methodologies and collaborative tools. *Educação temática digital*, Campinas, v. 16, n. 1, abr. 2014.

BAECK, A.; GREMETT, P. Design thinking. *In:* DEGEN, H.; YUAN, X. (ed.). *UX Best Practices*: how to achieve more impact with user experience. London: McGraw-Hill Osborne Media, 2011.

BODINI, R. *The support of digital startups to design thinking processes*: the structure of the ecosystem and the impact of artificial intelligence. 2021. Tese (Laurea Magistrale in Management Engineering, Ingegneria Gestionale) – Politecnico de Milano, 2020-2021.

BOWER, J. L.; CHRISTENSEN, C. M. Disruptive technologies: catching the wave. *Harvard Business Review*, v. 73, n. 1, p. 43-53, Jan.-Feb. 1995.

BRENNER, W.; UEBERNICKEL, F. (org.) *Design thinking for innovation*: research and practice. Ebook. Springer, 2016.

BROWN, T. *Design thinking*: uma metodologia poderosa para decretar o fim das velhas ideias. Rio de Janeiro: Elsevier, 2010.

BROWN, T. Design thinking. *Harvard Business Review*, Cambridge, v. 86, n. 6, p. 84-92, June 2008.

BROWN, T. *Change by design*. New York: Harper Business, 2009.

BRUNER, J. *Beyond the information given:* studies in the psychology of knowing. New York: Norton, 1973.

BUCHANAN, R. Design research and the new learning. *Design Issues*, Cambridge, v. 17, n. 4, p. 2-23, Autumn 2001.

BUCHANAN, R. Wicked problems in design thinking. *Design Issues*, v. 8, n. 2, p. 5-21, 1992.

BULL, K. L.; TOVEY, M. Visual creativity and the threshold of uncertainty in product and automotive design. DRS 2010 – DESIGN AND COMPLEXITY, Montreal, July 2010.

BÜRDEK, Bernhard E. *Diseño*: historia, teoría y práctica del diseño industrial. Barcelona: Gustavo Gili, 1999.

CAUTELA, C.; MORTATI, M.; DELL'ERA, C.; GASTALDI, L. The impact of artificial intelligence on design thinking practice: insights from the ecosystem of startups. *Strategic Design Research Journal*, v. 12, n. 1, Jan./Apr. 2019.

CAVALCANTI, C. M. C. *Contribuições do design thinking para a concepção de interfaces de ambientes virtuais de aprendizagem centradas no ser humano*. São Paulo, 2015. Tese (Doutorado em Educação) – Faculdade de Educação, Universidade de São Paulo, São Paulo, 2015.

CAVALCANTI, C. M. C.; BITTENCOURT, J. P. O design thinking para concepção de arquiteturas pedagógicas centradas no humano e apoiadas em tecnologia. *In:* COLÓQUIO WEB CURRÍCULO, 2014, São Paulo. [*Anais*...]. São Paulo: PUC, 2014.

COOPER, R.; JUNGINGER, S.; LOCKWOOD, T. Design thinking and design management: a research and practice perspective. *Design Management Review*, v. 20, n. 2, p. 46-55, 2009.

CROSS, N. *Designerly ways of knowing*. London: Springer, 2006.

CROSSAN, M. M.; APAYDUB, M. A multi-dimensional framework of organizational innovation: a systematic review of the literature. *Journal of Management Studies*, v. 47, n. 6, p. 1154-1191, 2010.

DAMON, W.; MENON, J.; BRONK, K. The development of purpose during adolescence. *Applied Development Science*, v. 7, n. 3, p. 119-128, 2003.

DAVIS, C.; NUNES, M. M. R.; NUNES, C. A. A. Metacognição e sucesso escolar: articulando teoria e prática. *Cadernos de Pesquisa*, v. 35, n. 125, p. 205-230, maio/ago. 2005.

DENIS, R. C. *Uma introdução à história do design*. São Paulo: Edgard Blücher, 2000.

D.SCHOOL. *Bootcamp Bootleg*. Palo Alto: Hasso Plattner Institute of Design at Stanford, 2011. p. 1-44.

GERBER E.; CARROLL, M. The psychological experience of prototyping. *Design Studies*, Boston, v. 33, n. 1, p. 64-84, 2011.

HARRIS, M. Creating a meaningful creative corporate purpose. *Harvard Business Review*, 28 Oct. 2021. Disponível em: https://hbr.org/2021/10/creating-a-meaningful-corporate-purpose. Acesso em: 24 jun. 2024.

HASSI, L.; LAAKSO, M. Conceptions of design thinking in the design and management discourses. *In:* WORLD CONFERENCE ON DESIGN RESEARCH – IASDR, 4., 2011, Delft, Netherlands. [Proceedings...]. Delft, 2011.

HOBCRAFT, P. The future interplays between design thinking, technology and AI: exploring the interplay between humans, technology and AI for design thinking. *Paulforinnovating Innovation Views*, 2 Oct. 2023.

IDEO. *HCD Toolkit*. Palo Alto: Ideo, 2009.

KISLANSKY, K. *A revolução do propósito*: desperte para sua razão de ser, impulsione sua carreira e construa prosperidade com significado. São Paulo: Gente, 2022.

KRIPPENDORFF, K. On the essential contexts of artifacts or on the proposition that "design is making sense (of things)". *Design Issues*, v. 5, n. 2, p. 9-39, Spring 1989.

KRIPPENDORFF, K. Design centrado no ser humano: uma necessidade cultural. *Estudos em Design*, Rio de Janeiro, v. 8, n. 3, p. 89-98, set. 2000.

KRIPPENDORFF, K., BUTTER, R. Semantics: meanings and context of artifacts. *In:* SCHIFFERSTEIN, H. N. J.; HEKKERT, P. (ed.). *Product experience*. New York: Elsevier, 2007. p. 353-376.

LOCKWOOD, T. *Design thinking*: integrating innovation, customer experiences and brand value. New York: Allworth Press, 2009.

MALIN, H. *Teaching for purpose*: preparing students for lives of meaning. Boston: Harvard Education Press, 2018.

MICHAELIS. *Moderno Dicionário da Língua Portuguesa*. [S. l.]: Melhoramentos, [20--]. Disponível em: https://michaelis.uol.com.br/moderno-portugues/.

NITZSCHE, R. *Afinal, o que é design thinking?* São Paulo: Rosari, 2012.

NORMAN, D. A. *The invisible computer*: why good products can fail, the personal computer is so complex, and information appliances are the solution. Cambridge: MIT Press, 1990.

NORMAN, D. A. *Design emocional*: por que adoramos (ou detestamos) os objetos do dia a dia. Rio de Janeiro: Rocco, 2008.

NORMAN, D. A. *O design do dia a dia*. Rio de Janeiro: Rocco, 2006.

OVIATT, S. Human-centered design meets cognitive load theory: designing interfaces that held people think. *Proceedings of the 4th Annual ACM International Conference on Multimedia*, 2006.

OWEN, C. L. Design thinking: driving innovation. *In:* INTERNATIONAL CONFERENCE ON DESIGN RESEARCH AND EDUCATION FOR THE FUTURE, 2006, Gwangju City. [*Proceedings*...]. Gwangju City, Sept. 2006.

PAPANEK, V. *Design for the real world*. New York: Pantheon Books, 1972.

PINHEIRO, T.; ALT, L. *Design thinking Brasil*: empatia, colaboração e experimentação para pessoas, negócios e sociedade. São Paulo: Elsevier, 2012.

PLATTNER, H.; MEINEL, C.; LEIFER, L. *Design thinking*. Berlin: Springer, 2011.

PLATTNER, H. *et al.* (ed.). *Design thinking*: understand, improve, apply. Berlin: Springer, 2011.

POZZO, J. I. (org.). *A solução de problemas*: aprender a resolver, resolver para aprender. Porto Alegre: Artmed, 1998.

REIMANN, M.; SCHILKE, O. Product differentiation by aesthetic and creative design: a psychological and neutral framework of design thinking. *In:* PLATTNER, H.; MEINEL, C.; LEIFER, L. (ed.), *Design thinking*: understand – improve – apply. New York: Springer, 2011. p. 45-60.

RITTEL, H. W. J. Son of Rittelthink. *Design Methods Group 5th Anniversary Report*, p. 5-10, Jan. 1972.

RITTEL, H. W. J.; WEBBER, M. M. Dilemmas in a general theory of planning. *Policy Sciences*, n. 4, p. 155-169, 1973.

SCHÖN, D. A. *Educando o profissional reflexivo*: um novo design para o ensino e a aprendizagem. Porto Alegre: Artmed, 2000.

SCHÖN, D. A. *The reflective practitioner*. New York: Basic Books, 1983.

SHINODA, C. *Propósito de vida*: um guia para desenvolver o seu. São Paulo: Benvirá, 2021.

SIMON, H. A. *The sciences of the artificial*. Massachusetts: MIT Press, 1969.

SIMON, H. A. *As ciências do artificial*. Coimbra: Arménio Amado, 1981.

SOMMERS, M. Emotion AI, explained. *MIT Management Sloan School*, 8 Mar. 2019. Disponível em: https://mitsloan.mit.edu/ideas-made-to-matter/emotion-ai-explained. Acesso em: 16 jan. 2025.

SOREN KAPLAN. *AI-Powered Design Thinking*: accelerating Innovation and Insights. s/d. Disponível em: https://www.sorenkaplan.com/improving-design-thinking-with-ai/. Acesso em: 16 jan. 2025.

STRATE. *Airbnb's successful design thinking story*. Disponível em: https://strate.in/airbnbs-successful-design-thinking-story/. Acesso em: 16 jan. 2025.

STUBER, E. *Inovação pelo design*: uma proposta para o processo de inovação através de worskshops utilizando o design thinking e o design estratégico. 2012. Dissertação (Mestrado em Design Estratégico) – Universidade Vale do Rio dos Sinos (Unisinos), São Leopoldo, 2012.

STUDIO1642. *Is Design Thinking still relevant in today's AI-driven world?* s/d. Disponível em: https://www.studio1642.com/blog/design-thinking-vs-ai. Acesso em: 16 jan. 2025.

TUSHMAM M.; NADLER, D. Organizando-se para a inovação. *In:* STARKEY, K. *Como as organizações aprendem*: relatos do sucesso das grandes empresas. São Paulo: Futura, 1997. p. 166-189.

VERGANTI, R.; VENDRAMINELLI, L.; IASINTI, M. Innovation and design in the age of artificial intelligence. *J Prod Innovation Management*, v. 37, n. 3, p. 212-227, 2020.

VIANNA, M. *et al. Design thinking*: inovação em negócios. Rio de Janeiro: MJV Press, 2012.

ÍNDICE ALFABÉTICO

A

B

C

D

E

F

G

H

I

L

M

O

P

R

S

T

U

V

W

ÍNDICE DE AUTORES, PESSOAS E INSTITUIÇÕES

A

B

C

D

E

G

H

I

J

K

L

M

N

O

P

R

S

T

U

V

W

1 2 3 4 5 6 7 8 9 10
2026